世界五千年
科技故事丛书

卢嘉锡 题

世界五千年科技故事丛书

疫影擒魔

科赫的故事

丛书主编　管成学　赵骥民

编著　廖　果

吉林出版集团｜吉林科学技术出版社

图书在版编目（CIP）数据

疫影擒魔：科赫的故事 / 管成学，赵骥民主编.--长春：吉林科学技术出版社，2012.10（2022.1重印）
ISBN 978-7-5384-6102-2

Ⅰ.① 疫… Ⅱ.① 管… ② 赵… Ⅲ.① 科赫，R.（1843～1910）
－生平事迹－通俗读物 Ⅳ.① K835.166.15-49

中国版本图书馆CIP数据核字（2012）第156337号

疫影擒魔：科赫的故事

主　　编	管成学　赵骥民
出 版 人	宛　霞
选题策划	张瑛琳
责任编辑	朱　萌
封面设计	新华智品
制　　版	长春美印图文设计有限公司
开　　本	640mm×960mm　1／16
字　　数	100千字
印　　张	7.5
版　　次	2012年10月第1版
印　　次	2022年1月第4次印刷

出　　版	吉林出版集团 吉林科学技术出版社
发　　行	吉林科学技术出版社
地　　址	长春市净月区福祉大路 5788 号
邮　　编	130118
发行部电话／传真	0431-81629529　81629530　81629531 81629532　81629533　81629534
储运部电话	0431-86059116
编辑部电话	0431-81629518
网　　址	www.jlstp.net
印　　刷	北京一鑫印务有限责任公司

书　　号	ISBN 978-7-5384-6102-2
定　　价	33.00元

序　言

十一届全国人大副委员长、中国科学院前院长、两院院士

放眼21世纪，科学技术将以无法想象的速度迅猛发展，知识经济将全面崛起，国际竞争与合作将出现前所未有的激烈和广泛局面。在严峻的挑战面前，中华民族靠什么屹立于世界民族之林？靠人才，靠德、智、体、能、美全面发展的一代新人。今天的中小学生届时将要肩负起民族强盛的历史使命。为此，我们的知识界、出版界都应责无旁贷地多为他们提供丰富的精神养料。现在，一套大型的向广大青少年传播世界科学技术史知识的科普读物《世

界五千年科技故事丛书》出版面世了。

　　由中国科学院自然科学研究所、清华大学科技史暨古文献研究所、中国中医研究院医史文献研究所和温州师范学院、吉林省科普作家协会的同志们共同撰写的这套丛书，以世界五千年科学技术史为经，以各时代杰出的科技精英的科技创新活动作纬，勾画了世界科技发展的生动图景。作者着力于科学性与可读性相结合，思想性与趣味性相结合，历史性与时代性相结合，通过故事来讲述科学发现的真实历史条件和科学工作的艰苦性。本书中介绍了科学家们独立思考、敢于怀疑、勇于创新、百折不挠、求真务实的科学精神和他们在工作生活中宝贵的协作、友爱、宽容的人文精神。使青少年读者从科学家的故事中感受科学大师们的智慧、科学的思维方法和实验方法，受到有益的思想启迪。从有关人类重大科技活动的故事中，引起对人类社会发展重大问题的密切关注，全面地理解科学，树立正确的科学观，在知识经济时代理智地对待科学、对待社会、对待人生。阅读这套丛书是对课本的很好补充，是进行素质教育的理想读物。

　　读史使人明智。在历史的长河中，中华民族曾经创造了灿烂的科技文明，明代以前我国的科技一直处于世界领先地位，涌现出张衡、张仲景、祖冲之、僧一行、沈括、郭守敬、李时珍、徐光启、宋应星这样一批具有世界影响的科学家，而在近现代，中国具有世界级影响的科学家并不多，与我们这个有着13亿人口的泱泱大国并不相称，与世界先进科技水平相比较，在总体上我国的科技水平还存在着较大差距。当今世界各国都把科学技术视为推动社会发展的巨大动力，把培养科技创新人才当做提高创新能力的战略方针。我国也不失时机地确立了科技兴国战略，确立了全面实施素质教育，提高全民素质，培养适应21世纪需要的创新人才的战略决策。党的十六大又提出要形成全民学习、终身学习的学习型社会，形成比较完善的科技和文化创新体系。要全面建设小康社会，加快推进社会主义现代化建设，我们需要一代具有创新精神的人才，需要更多更伟大的科学家和工程技术人才。我真诚地希望这套丛书能激发青少年爱祖国、爱科学的热情，树立起献身科技事业的信念，努力拼搏，勇攀高峰，争当新世纪的优秀科技创新人才。

目　录

校园里的选择

　　哥廷根大学边上有一片环境幽静、空气新鲜的小树林，是学生们早上学习的理想去处。罗伯特·科赫在林中一棵树下已坐了一个多小时了。

　　这是1863年初夏的一个清晨。明亮而温和的阳光透过树叶，在草地上留下了斑驳的影子，风移影动，姗姗可爱；晨雾尚未完全消散，随着微风在林间飘荡，给宁静的气氛增添了一缕妩媚的动感。

　　可是科赫的心情并不轻松。最近一段时间，他时常为一个问题所困扰，是该作出一个明确选择的时候了。

　　自从一年前进入这所著名的高等学府以来，从小有着强烈求知欲的他，如鱼得水畅快地在知识的海洋中遨游。起初，几乎每门功课对他都有着强烈的吸引力。植物学、物理学、数学等等，他都学得津津有味，而且成绩都相当不错。不久，科赫感到自己对自然科学的兴趣超过了对数学、希腊语和拉丁语的兴趣，尤其偏好生物学科方面的功课，着迷于对昆虫、植物和动物的研究。是啊，他从小就是在哈尔茨山区丰富多彩的自然环境中长大的，山区生活带给了他无数的乐趣，同时也孕育了他探究自然界的志趣。

　　可是，渐渐地，科赫心中又产生一种仍不满足的感觉，尤其是想到毕业以后的打算时，这种感觉就越来越强烈。做一个科学家，干一番事业，这是他早已立下的志向。如果沿着目前的方向发展下去，以后做一个生物学家，固然不错，但对解决人类自身的迫切问题总感到有一点距离。兴趣与事业有时并不是完全一致的，科赫愿意今后从事一种更为切合实际的科学事业。他想："这项事业不但更加直接有用，最好还能继续发挥自己在生物学方面的长处。"然而究竟学什么好呢？这就是最近常常在他心中萦绕的问题。

突然，林中传来一阵喧嚷，打断了科赫的思路。科赫抬眼一看，原来是几个同年级的同学在不远处争执。他们衣装华丽，还带着佩剑，一看就知道是那种对学习不感兴趣，常常沉迷在啤酒馆里饮酒作乐的纨绔子弟。原来，昨天晚上他们在啤酒馆里为了与女同学交往的事发生口角，意犹未尽，今天一大早又跑到小树林里来继续唇枪舌剑，全然不顾附近正在学习的同学投来的不满的眼光。

"这样的大学生活，不是对青春的一种浪费吗？"科赫为他们感到惋惜。他不由想到，自己跨进大学之门的路并不平坦。由于家境困难，一年前他从预科学校（相当于高中）毕业后，差一点就进工厂当一名学徒工。他想到了父母一生的辛劳，想到了他们对自己抱有的特别期待，想到考上大学后，兄弟姐妹们那羡慕的眼光。他甚至回忆起孩提时代，镇上那位大胡子牧师，曾不止一次地摸着自己的小脑袋，向大人们夸赞自己的聪明出众。

那是一位多么令人怀念的牧师啊！他不但学识渊博，而且正直、慈爱，赢得了全镇人的尊敬。可惜在科赫8岁那年，牧师因病不治而去世了。科赫清楚地记得，在那古老的木质结构教堂里，几乎全镇的人都来参加了哀悼仪式，而自己当时又是多么的伤心！在回家的路上，他曾好奇地问妈妈：

"为什么牧师的病就治不好呢？"

妈妈含着眼泪，叹了一口气：

"孩子，现在有许多凶恶的疾病，是连医生也毫无办法的！"

是啊，医学不正是一项可以大有作为的事业么！科赫拉回了自己的思绪。医学担负着解除人类病痛和挽救生命的崇高职责，它需要的是巨大的勇气、严谨的工作态度和持之以恒的献身精神。做一个医生，不仅能发挥出自己的长处，对社会做出救死扶伤的贡献，而且，或许还有助于实现多年埋藏在自己心底的另一个渴望……

　　"对，我应该学医去！"科赫轻轻吐出一口气，心中一下子变得开朗起来。

　　一阵金属的击打声传进了科赫的耳朵。那几个纨绔子弟的争执已发展到了用剑决斗的地步。有两个人摆开了架势，挥舞着剑你来我往，誓要在对方的脸上留下标记以决胜负。

　　科赫站起身来，轻轻整理了一下身上的衣服，向教室走去。在他前面，将是一条既充满艰辛，又孕育着辉煌成就的道路。

向往未知世界的孩子

1843年12月11日，科赫出生在汉诺威的小城克劳斯塔尔。小城位于德国中部著名的哈尔茨山区，这里森林茂密，矿藏丰富，盛产银、铁、铅和铜。

科赫的父亲赫尔曼起初是矿山的一名普通矿工。他虽然没有上过多少学，却有着强烈的上进心，而且十分聪明能干，他决心凭借自己的勤奋和才干求得发展。经过艰苦不懈的努力，他晋升为采矿公司主任。后来，又担任过普鲁士政府的矿业顾问。赫尔曼夫人则是一位贤惠能干的家庭主妇，自立精神也很强，总是自己设法克服家庭生活中遇到的种种困难，从来不愿依赖别人。她热爱这个家，细心谋划，日夜操劳，将繁杂的家务安排得井井有条。

赫尔曼尽管成了矿山的高级职员，收入不算微薄，但他肩上的家庭经济担子却相当沉重，原因是家中有13个孩子。要养活这么大的一家人，真是不容易，所以家里不时缺吃少穿。糖、咖啡和茶，这些日常的普通消费品，有时却成了孩子们可望而不可即的奢侈品。只有在极少的时候，才能靠少许额外的收入改善一下生活。

虽然物质生活贫乏，可赫尔曼一家却生活得很有乐趣。赫尔曼夫妇宽厚、慈爱，而且思想开明，他们疼爱自己的孩子，细心地照料他们，关心他们的成长。孩子们也很爱自己的父母，很少惹他们生气，并且从小就懂得分担父母的辛劳。镇上的人们时常能听到这个和睦的家中传出的阵阵欢笑声。

在这些兄弟姐妹们当中，科赫很早就以自己的聪明出众引起了赫尔曼夫妇的注意。令他们印象深刻的是，5岁时的科赫就已经对报纸产生了兴趣，常常跟着大人看报，尽管他认识的字不多。这使赫尔曼夫妇感到惊奇和欣喜，他们想，这孩子将来应该是一个有出息的人。

随着年龄的增长，科赫的兴趣逐渐转向了周围的自然界。到哈尔茨山中去漫游，成了少年科赫最热衷的事。神奇而美丽的大自然，常常使他流连忘返。匍匐的地衣、蚂蚁晃动的触角、啃松果的小松鼠，都会引得他久久地观察，脑子里涌现出无数个为什么。他采集花卉、树叶、地衣、昆虫以至岩石，带回家中，按照博物学书籍中的办法，用酒精、大头针和盒子制成标本，精心收藏起来。有一次，他在父亲的旧箱子里发现了一块旧的小透镜，他请求父亲送给自己，赫尔曼当然同意了。科赫如获至宝，他充分地利用了这块透镜来观察自己所制作的标本，总想从中悟出什么，发现什么。

赫尔曼一直关注着儿子对自然界的强烈爱好，他

　　总是支持儿子做他自己愿意做的事。科赫的舅舅比文德博士也很喜爱科赫。比文德知识渊博，爱好摄影，他不但时常带着科赫及自己的儿子罗伯特一起去山林采集标本，讲述动物的生活知识，还教会了科赫照相。这是一种在铜板上涂上银粒的早期照相方法，它对后来科赫发明显微摄影术起到了不小的帮助。

　　科赫最喜欢的另一件事，是在晚上听父亲讲故事。不管冬夏春秋，每当暮霭降临时分，全家人吃完了晚饭，趁母亲在一边收拾餐具的空当儿，孩子们总爱缠着父亲，要他讲故事。赫尔曼尽管辛劳了一天，却总是尽量满足孩子们的愿望。他认为这是教育孩子，也是充分享受天伦之乐的时光。他燃起木质烟斗，亲切地给孩子们讲神话故事或者自己经历过的种种有趣的事情。孩子们一改往时的顽皮，全神贯注地望着父亲，全都听得津津有味。赫尔曼夫人忙完了家务，也往往在桌子的一边坐下，静静地伴随着丈夫与孩子们。

　　科赫最喜欢听的是父亲年轻时的旅行奇遇。那粗犷的水手、大海的风浪、远方的异国风光……使科赫听得十分入迷。一次，当孩子们听完故事准备上床睡觉时，却发现科赫不在屋里。妈妈急急忙忙地寻找了半天，最后看见科赫正一动不动地坐在屋后一个小池塘边的石板上。

"妈妈，你看！"科赫抓着母亲的手，又用另一只手指着池塘。妈妈借着月光向池塘里望去，原来池水中飘浮着一只科赫自己制作的小木船。

"什么时候我也能到国外去旅行，那该多有意思啊！"科赫的思绪已飞向遥远的地方，他渴望长大后能去探索那新奇的未知世界。父亲的那些故事和少年萌生的向往，在心底里一直伴随了他终生。他之所以在大学时决定学医，也不能不说这是一个重要的影响因素，因为他当时觉得，或许将来可以当个军医，那就可以随军去各地服役。

几年以后，科赫考进了克劳斯塔尔大学预科学校。他的聪明才智有了更为宽广的发挥天地。虽然学校在纪律和学习方面对学生的要求很高，但科赫各门功课都学得很好，而且品行优良。有了这样的学生，老师们都感到欣慰和满足。1862年春天，科赫参加了预科学校的毕业考试，生物方面的课程自不用说，英语、数学、物理、历史和地理的成绩也都是"优秀"。他还同另外四个同学合作，在很短的时间内，写出一篇论述希腊神话英雄尤利西斯的论文，使文学教师感到惊喜。

科赫以出色的成绩从预科学校毕业了，全家人都很高兴。但随之而来，科赫的前途问题也就摆在了父母的面前。赫尔曼虽然深深理解科赫想上大学的强烈愿望，但由于家庭经济困难，他感到有些力不从心。

"这样行不行，既然科赫渴望去国外旅行，就让他去学习经商，不但可以解决独立谋生的问题，而且或许有机会实现他去国外旅游的理想。"赫尔曼与夫人商量道。

"噢，不好……"赫尔曼夫人不同意这种安排。科赫是她最喜欢的孩子，她不愿意让他以后长期在国外漂泊。再说，科赫的两个哥哥早就离开了家，到美国谋生去了。"不如让他学点实用的手艺，就到附近的鞋厂去当一个学徒，好吗？"

正当科赫为不能继续求学而感到沮丧的时候，事情突然有了转机。原来科赫家意外地得到了一笔财产，家庭经济状况立即大为改观。赫尔曼作出的第一个决定，就是让这个才华出众的儿子接受大学教育。机遇总是垂青那些通过自身不懈努力而具备成功条件的人。科赫早就向往位于家乡南边不远的哥廷根大学。以他在预科学校的出色成绩，进入这所大学自然是不费什么力气的。1862年夏，19岁的科赫带着他简单的行装，走进了这所著名的高等学府。

在哥廷根大学医学院

　　从第二学年开始，科赫转入了哥廷根大学医学院。

　　他更加勤奋地投入到学习中去。在课堂上，他如饥似渴地从教授们那里汲取知识，而学生动手操作的实验课更使他获得了莫大的乐趣。对基础医学的各种实验操作，他总是全神贯注、一丝不苟，力求达到准确、熟练。他往往最后一个离开实验室，而到了晚上，又时常央求实验室管理员允许他进去"加班"。

这种自我严格要求的操作训练，为他日后从事细菌学的研究练就了扎实的基本功。紧张的专业学习，使他不得不舍弃了几乎全部的业余爱好，甚至包括他最喜欢的搜集植物和昆虫标本。科赫所处的19世纪下半叶，是近代医学史上的一个重要时期。由于资本主义发展的需要和自然科学的进展，使得医学基础学科成为系统、完善的科学学科。现代医学的理论体系和方法，基本上是在这一时期确立起来的。在微生物学领域，由于物理学、化学、生物学等科学与技术研究蓬勃开展，尤其是显微镜的改进，导致对微生物的研究产生了革命性的飞跃。与科赫同时代的法国微生物学家和化学家巴斯德（Pasteur L，1822－1895）研究发酵作用，确定了微生物对发酵和传染的作用，奠定了微生物学的基础。微生物学研究正面临着取得全面突破的前夜。这一领域引起了当时许多著名的医学家和科学家的密切关注，并积极地投身其中。

　　使年轻的科赫感到十分幸运的是，声名卓著的哥廷根大学将一批世界上最卓越的科学家吸引到自己的讲堂上来。在医学院，人才济济，聚集了不少优秀的医学教授。其中，对科赫影响最大的，是著名的解剖学家和病理学家亨利（Henle J，1809－1885）。

亨利也是微生物学研究领域的先驱人物之一。早在1840年，亨利就曾写过一本有关传染病的名著，详细地论述了疾病的传染学说。他在书中指出：传染病是由于一种具有特殊性质的病原体引起的，这些病原体属于微生物（细菌）。他论述道：传染病人的出现肯定与别的传染者或传染物有关，要确认这一点，就必须从传染物中寻找细菌，并将它分离出来，再进一步测试其致病，即将它接种于健康者体内而能发生同样的传染病。亨利提出的传染病理论引起了科赫浓厚的兴趣。实际上，也正是亨利的影响使年轻的科赫终生致力于细菌学的研究。

亨利教授也十分喜爱这位看上去身材有些瘦小、戴着眼镜的年轻人。他欣赏科赫的朴实品性和聪明好学。"这是一块值得雕琢的宝石，他终将会放出耀眼的光芒。"亨利教授说，并更加严格地要求他。

一次，亨利教授在图书馆大楼前的林荫道上叫住了科赫，把一份课堂测验的卷子交给了他。科赫接过来一看，虽然自己的答案全都正确，可并没有被评为"优秀"，他不解地望着教授。亨利教授缓缓地对他说道：

　　"一个正确答案的成立，必须依赖于每个环节周密而又符合逻辑的论证。尽管有些中间环节表面看来似乎是顺理成章的事，但也不能被省略掉，否则就有可能隐含致命的漏洞，而使答案不能成立。这并不是搞纸面上的繁琐哲学，因为医学是人命关天的大事，医学研究需要的是严谨、严谨、再严谨！"教授的态度仍然亲切和蔼，但话语中却透着严肃。

　　这些语重心长的话，使科赫体会到了亨利教授对自己的关切和帮助，心底里在感激教授的同时，也引起了深深的震动。他明白，自己在大学里要学习的不仅是医学知识，还要学习和掌握科学的思维方式和工作方法。从此，他把亨利教授的话作为座右铭，体现在一生的学习和研究工作中。

1866年1月，科赫呈交了他的毕业论文，并以优异的成绩从哥廷根大学医学院毕了业。虽然他并没有丢掉漫游世界的童年愿望，但另一个神秘而未知的新天地——科学的世界已经更强有力地吸引住了他。他跃跃欲试，打算首先深入到科学世界中去遨游与探索。

乡村医生和他的一家

　　毕业后不久，科赫来到汉堡综合医院担任助理医生。

　　汉堡是德国北部一座濒临北海的港口城市，海运业十分发达，世界各地的水手和旅客们在这里来来往往，流行病自然就容易发生。

　　1866年春，汉堡突然霍乱病流行。许多人因染病而迅速死亡，一时间，愁云惨雾笼罩了整座城市。目睹一幕幕惨剧，科赫更加感到了一名医生肩上所负的责任。他积极投入到对霍乱病人的治疗中去，并且在显微镜下研究从死者身上取下的感染物。这时科赫就已经表现出在微生物研究上的才干。根据数十年后发现的他的笔记和插图，表明他当时在显微镜下已看到过霍乱菌，只是由于缺乏经验，自己并没有意识到，从而与这个引起霍乱病的"元凶"失之交臂。然而霍乱菌并没有从科赫的手中逃掉，17年后，科赫终于将其缉拿归案，并且制服了这个凶恶的敌人。

当年10月，一所精神病院请科赫去当住院大夫。在这里，除了医院的诊疗工作外，科赫还在周围居民中开业出诊，并且很受病人的欢迎。1867年7月，科赫在故乡克劳斯塔尔与埃米·弗拉茨小姐结婚。婚后，他带着新娘来到家乡附近的朗根哈根，在那里的全科诊所工作了一段时间。1868年8月底，他又来到了波茨坦附近的小城尼梅克，继续开业行医，9月，他的女儿格特鲁德就出生在这里。

这时，科赫对自己往后的工作和生活问题作了一番认真地思索。通过毕业后两年多的经历，他觉得，在大城市、大医院工作固然有好处，但那里人才济济，论资排辈现象严重，加之工作安排循规蹈矩，年轻人要想脱颖而出实不容易；而在乡镇工作，业务上的独立性更强，学术发展的天地更为宽广，工作和科研的时间安排也更灵活一些，只要自己努力，说不定更能干出一番事业。至于一家人的生计，科赫倒并不感到很担心，靠开业行医的收入维持一家人的简朴生活也就够了。如果和行医相比，科赫更热爱对微生物的研究工作。他从小就有对科研的向往，大学时所受的影响，尤其是两年前在汉堡与霍乱病所作的那场斗争，都激励他投身于微生物研究工作。科赫认为："远离大学和大医院的实验室，没有优良的科研条件，选择研究方向就应当从实际出发。微生物研究主要依靠的是显微镜，这还是能办到的。"经过反复考虑，最后，他决定一边在村镇开业行医，一边利用业余时间进行对细菌的研究工作。他把自己的想法告诉了妻子，埃米完全理解自己的丈夫，愿意全心全意地支持他。

由于不满意尼梅克的江湖游医，科赫在那里待了不到一年的时间，又来到了波兹南省的拉科维茨小镇。可是不久，战争的乌云笼罩了西欧的上空。

1870年7月19日，法国皇帝拿破仑三世在俾斯麦的挑动下，对普鲁士宣战，普法战争爆发了。

全德国的青年掀起了参军的热潮。科赫的三个弟弟都参军到了法国。当一名军医是科赫的一个宿愿，他不顾自己眼睛近视，志愿参加了医疗队，成为一名战地外科医生。战火中，无数士兵和平民遭受着伤亡，而许多伤员因为伤口感染失去了生命。科赫在紧张的救治工作中，获得了对以后科研工作很有价值的经验："在短短一个月的时间中，我所获得的科学知识，确实比我在半年门诊工作中所获的知识多得多。"他在家信中这样写道。八年之后，正是以这次积累的资料为基础，经过整理研究，科赫发表了论文《创伤感染的病原学》。

离开军队后，1872年2月，科赫被推荐到波森州沃尔施太因的地方卫生机构任职，同时具有地区医生与地方卫生官员的身份。科赫在这里待了8年。这是他一生中非常重要的一段时期。在此期间，他系统地研究细菌学，做出了出色的成绩，开始在这一领域中崭露头角。

地区医生的工作十分繁重，不仅要看各种各样的病，涉及内科、外科、妇产科、儿科、牙科以及传染病，而且时常不分昼夜和严寒酷暑，需要到四周的乡村出诊。工作虽然艰辛，但就像在拉科维茨一样，科赫很快就赢得了病人的尊敬和喜爱。

尽管行医耗去了科赫大部分的时间和精力，但他还是抓住一切可以利用的空余时间，埋头于显微镜前，观察玻片上各式各样的标本。这些标本有许多是妻子埃米不辞劳苦地从池塘和沼泽地里采集来的，另一些则是科赫从病人身上取来的感染物。

埃米不但帮助科赫采集标本，同时还担负另一项特殊的任务。科赫经常给标本照相，而当时是采用阳光来给底板曝光的。这样，埃米就经常在室外观察天空，只要阳光一出现，埃米就向在室内工作的科赫报告，以致埃米得到了"推开云层的人"这样一个绰号。

一天，科赫正在显微镜前忙碌着。可他用的这台陈旧的显微镜已转动不灵，经常弄得他大费周折，以致这次埃米在他身旁站了很长时间也没觉察，最终埃米不得不推了推他。

"有什么事吗？"他转过脸来，望着妻子问道。埃米微微一笑，轻声说：

"你还记得今天是什么日子吗？"

"什么日子？"科赫脑子里一时还没转过弯来，随口应道。

"祝你生日快乐！"

科赫恍然大悟，原来今天是自己33岁的生日。

"那你打算怎么为我祝贺呢？"科赫的眼中闪着调皮的神情。

埃米笑着不语，将一个大盒子递到丈夫手里。科赫小心翼翼地打开盒子一看，简直不敢相信自己的眼睛，盒子里竟是一台崭新的、精密的显微镜。这不正是自己朝思暮想的东西吗！这是埃米用长期积攒下的零花钱买来的，没有比这更珍贵的礼物了！科赫的眼睛潮湿了，他为能有这样一位细心体贴的妻子而感到无比欣慰和幸福。从此，这台显微镜成了他一生都未分离的伴侣。

女儿格特鲁德是科赫唯一的孩子。小姑娘聪明可爱，还有些淘气，经常晃动着小胳膊把父亲养的猫、狗、鸡等小动物追逐得四散奔逃。每当科赫辛劳之余，只要望着女儿苹果般的小脸和大大的眼睛，聆听女儿稚气的咿呀声，心灵就立刻充满阳光和温暖。由于自己童年生活的艰难，科赫一生都非常宠爱女儿。但是，他并没有因此而放弃严格的教育，他希望女儿成长为一个身体健康、有教养、有知识、对社会有用的人。

在格特鲁德10岁那年，科赫在诊室的一角隔出了一间简陋的实验室，还自己动手制作了一些基本的实验设备。后来格特鲁德回忆此事道："母亲在一根长竹竿上挂了一块棕色的大布帘，将诊室隔成两半。

里面的小半间被布置成父亲的第一个实验室，以便他可以在里面埋头工作，少受点干扰。除了我和母亲，其他人都不允许进去。他曾请木工修了间暗室，门上挂了块黑布帘子，像个大壁橱。暗室一边是细菌培养器，另一边是一张小桌子，上面放着照相设备、显微镜和盖着的玻璃容器，每个容器里都养着试验用的小白鼠。"

就是在这里，科赫作出了他第一项伟大的发现。

首战炭疽菌

　　科赫在偏远的沃尔施太因孜孜不倦地埋头于显微镜下的研究工作的同时，却没有忘记时时追踪整个微生物领域最新的研究进展。他明白，只有不断跟上学术界前进的步伐，才不至于闭目塞听，迷失研究工作的方向。巴斯德关于疾病与微生物的关系的实验，英国外科医生李斯特（Lister J，1827－1912）的外科消毒法，都使科赫感到异常的兴奋，也使他对微生物与疾病的关系问题更为关注。

说起来，在人类文明史上，很早就产生了关于疾病"传染"的概念。在中国医学史上被誉为"医圣"的东汉名医张仲景，就曾生动表述过当时疫病流行的惨状。在西方，一些医学先驱人物也曾从不同角度触及到这个问题。但是，他们不可能将传染的概念与微生物挂起钩来，在当时科技十分落后的条件下，这对他们完全是不可思议的事。巴斯德虽然初步证实了微生物能致病的事实，但尚缺乏进一步的具体证据，许多重要的环节仍然模糊不清。在大学求学时亨利教授提出的疾病传染理论，又时时萦绕在科赫心头。科赫决定进一步缩小研究范围，集中精力，全力以赴地研究传染病起于细菌这一问题。

　　1875年底的一天下午，科赫将两片夹有一滴羊血的载玻片放在了显微镜上。牛、羊等家畜的血样是他经常观察的标本。几年来，他观察过数百头牲口的血样，以致每当他来到屠宰场或宰杀牲口的村民家时，他们都会积极主动地为他提供牲口血样。

　　今天的血样来自一只刚刚死去的羊身上。羊是村民弗里德曼的。他家里养的三只羊，昨天还是好好的，今天上午却有一只突然死掉了，还有一只变得萎靡不振了。他知道科赫对这事感兴趣，于是匆匆赶到诊所告诉了科赫。

这种事在这一带经常发生，刚才还是活蹦乱欢的牲口，一点预兆也没有，转眼之间就变得呆滞无力，然后迅速地成群死掉，血液也变成可怕的暗黑色，就像被一阵看不见的邪恶毒雾刮倒一样。家畜中的这种传染病不但造成农民巨大的经济损失，威胁他们的生计，而且还会造成普遍的肉食供应危机。更为严重的是，人也会传染上这种疾病。传染上这种病的人，皮肤起脓溃烂，高烧、咳嗽，或者上吐下泻，很快死去。由于这种病的凶险特点，当地农民称之为"狂怒病"，而科赫知道，这在医学上称为炭疽病，由于它为害颇烈，历来为医学家们所密切关注。

科赫把刚从病羊身上采来的血液，急切地凑近显微镜。他不断微微地移动着血样，仔细地观察着。果然，他又在血液中看到了那种像细木棍似的小东西，它们有的很短，有的则似乎连接在一起，形状像一条线，并且好像都在微微地蠕动着。几个月来，他都在观察这种标本。在每一例患炭疽病而死的牲口的血液标本中，都会发现这种奇怪的小东西。而在健康牲口的血液中，却找不到这种东西。

"也许，这些杆形小东西就是引起炭疽病的原因。"科赫不止一次地想。他又想起了上大学时读过的一本医学杂志上的文章，作为当时的新发现，文章报道法国医生丹凡、雷伊和德国学者波兰德也曾分别观察到类似的现象。"应该再作更多的观察来证实这一点。"他想。

于是，科赫又夜以继日地进行观察牲口血样标本的研究工作。在显微镜下，他反复仔细地观察健康牲口的血液标本或炭疽病畜的血液标本，将它们进行对比，时常累得他两眼发花，体疲乏力，连埃米放在桌上的饭都懒得去吃。然而，情况越来越清楚，与健康牲口的血样不同，在炭疽病畜的血液以至内脏中总能找到那些杆形小东西。这使科赫相信，这些小东西就是炭疽病的病源。

"可是，怎样才能证明这一点呢？除非我能证实这些小东西是一种有生命的有机体，是活的细菌，真正看到它们生长、繁殖，引起炭疽病。"科赫冥思苦想，头脑中逐渐形成了一个缜密的研究计划。

首先，他决定设法将那些杆形小东西引种到实验用的小白鼠身上，以便于观察和研究。

他挑选了几只特别健康的小白鼠，想通过引种让它们患上炭疽病。经过几次试验，他找到了一种有效的细菌引种方法。他在小白鼠尾巴的根部切开一个小口，用消过毒的木片蘸上一滴死于炭疽病的羊身上的黑色血液，小心地把它刮进切口，然后把这只小白鼠单独关在笼子里。第二天，这只小白鼠果然死在笼中。科赫立即将小白鼠解剖，发现小白鼠的脾脏异常地肿大发黑。他从死去的小白鼠身上取了一点血液标本，放到显微镜下观察，又看到了那些熟悉的微微蠕动着的杆形小东西。第一只小白鼠死后，科赫又将它的血液引种到另一只健康小白鼠尾巴的切口上。就这样，一个多月内他重复做了30次同样的试验，而结果始终一样，每次都是健康小白鼠被引种后死亡，都能在它们的血液或内脏标本中发现杆形小东西。科赫知道，自己已经成功地把害死羊的可怕的炭疽病转移到了小白鼠身上。但这只是计划的第一步。

接下来，科赫打算证明这些细菌是活的，具有生长繁殖的能力。从染上炭疽病的牲口迅速死亡的情况推论，这种可怕的细菌在动物体内不但能生长，而且繁殖的速度一定快得惊人，可是，显然无法通过直接的观察来证实这一点。

"要是能在动物体外培养这些细菌就好了，这样我就能直接观察到它们。"科赫自言自语地说。"对，我应该在动物体外设置一种和动物体内相同的小环境，这种环境不但具有合适的营养、温度等细菌赖以生存的条件，而且还要便于在显微镜下观察。"他想。

显然，以动物体液作为细菌的培养液是再合适不过了。为了观察得更清晰，科赫决定采用牛眼的分泌液（牛眼房水）。他将患炭疽病死去的小白鼠的脾放进牛眼房水中，然后把它们贮放在自制的细菌培养器里，温度保持相当于小白鼠的体温。过一段不长的时间，就在显微镜下观察这种混合液。

起初，他观察时采用的是通常的做法，即把一滴液体固定在普通的两块载玻片之间，但这时其他细菌也乘虚而入，无法分辨炭疽病菌。经过两个多月的苦苦思索和反复试验，他终于找到了一种办法，可以不受干扰地观察炭疽病菌的情况。

当科赫将改进后的载玻片再次放到显微镜下观察时，终于亲眼目睹了他盼望看到的情形。在他观察了两个小时之后，他发现，那些杆形小东西逐渐分裂并且变长了！而且新的杆形小东西也不断地分裂、变长。几个小时以后，标本滴液中就充满了这些小东西，互相乱七八糟地纠缠在一起，活像一团乱麻。当初在一滴标本中它们的数量不过几百个，而现在粗略统计一下，每平方英寸内竟达到25000个之多！尽管科赫在显微镜下也算见多识广，但看到这些微小的凶手成百上千倍地繁殖，也不禁毛骨悚然。现在，这位严谨的年轻科学家，终于能肯定这些杆形小东西是活的，因为他亲眼看到了它们的繁殖。正是由于这些小东西在动物体内以惊人的速度繁殖，才使得动物在很短的时间内死亡！

但是，要完全证实这一点，还有关键性的一步，即把这些在动物体外分离培养出的细菌，再重新引种回动物体内，看它们是否能引起同样的疾病。科赫没有贸然行动。他觉得，现在这些细菌都是从当初那只炭疽病死鼠的脾脏标本里繁殖出来的，要使整个结论做到无懈可击，还应该在引种前将这些细菌完全纯化。

于是，科赫从刚培养出的标本中取出一点，移植到另一滴滴液中。情况仍然相同，那些杆形小东西在新的环境中又迅速生长繁殖。他再从这滴标本中取出一点，移植到新的一滴滴液中。这种移植试验连续进行了八次。终于，第八滴滴液标本已不是原来含有死鼠脾脏组织的混合液，而里面繁殖的细菌完全是纯化的后代。

"现在让我们瞧瞧会发生什么事！"这天晚上，科赫激动地对埃米说，"下午我已经给一只健康的小白鼠接种了纯化的细菌，发生在它身上的事，是我计划中最重要、最关键的一环！"科赫彻夜难眠，脑子里总在捉摸那只小白鼠的命运。

24小时后，小白鼠死了。科赫迫不及待地在显微镜下观察它的脾脏标本——仍然是那些熟悉的、微微蠕动着的杆形小东西！他仍没止步，又继续经过更多次的实验，培养了更纯的细菌后代。用这些细菌，他不仅给小白鼠接种，还广泛地用牛、羊、兔、猫等其他动物做同样的实验，而每次结果都完全相同。如果再从这些死亡的动物身上分离培养出细菌，将它们接种到健康动物身上，仍然出现相同的结果，动物死去，炭疽病菌在它们体内生长、繁殖。

科赫终于可以毫无疑问地肯定，这些蠕动的杆形小东西就是炭疽病的罪魁祸首！它们在医学中被称为"炭疽杆菌"。而且，试验结果还证实，炭疽杆菌只能引起炭疽病，也就是说，一种细菌只能引起某种特定的疾病。

就这样，在偏远的乡村，科赫独自一人，凭着粗糙的自制设备和自己摸索出的研究方法，完成了一项伟大的医学发现。

崭露头角

　　但是，坚持不懈的科赫仍不满足于这一发现。

　　当他向沃尔施太因的居民们解释他的发现时，他们大多半信半疑。一次，弗里德曼问道："尊敬的大夫，您说的这些与我们的牲口年复一年地死去这一点有什么关系呢？"显然，农牧民们更关心的是怎样才能使他们的牲口免遭这凶恶的疫病的袭击。科赫感到，要达到在实践中制服炭疽病的目标，自己还面临着一些新的问题。而其中的关键，在于要弄清楚这种疫病平时究竟是怎样传播的。

也正是这个问题，近来使科赫感到十分疑惑不解。因为他在实验中已观察到，尽管炭疽病菌生长繁殖十分迅速，但也需要一定的生存条件。如果缺乏合适的营养、温度和湿度，这些病菌就会萎缩以致死去。有一点是明确的，这些可怕的病菌也具有某种脆弱性，它们不可能在野外、寒冬或干热的环境中存活下去。那么，在野外放牧的牲口是怎样传染上这种疾病的呢？

后来，坚忍的科赫终于找到了答案。

一次，科赫在往细菌培养器中贮放一块滴液标本时，忙碌中不经意地将温度定在了相当于死鼠体温的温度。几天后，当他观察这块标本时，却没有看到那些熟悉的炭疽杆菌，目镜下出现的是一些由一个接一个的小椭圆体穿起来的、像一串串微小的珍珠项链似的东西。经过检查，不存在被其他细菌污染的情况。

"这么说，是那些炭疽杆菌本身变成珍珠状的了！这是怎么回事呢？"科赫不解地耸了耸肩，将这块标本暂时放在一边。

几个星期后，他又偶然捡起这块滴液已经干缩的标本放在目镜下观察。情况没有变化。这时，科赫采取了一个关键性的步骤。本想观察得更清晰，他在干缩的涂片上又滴上了不含细菌的纯牛眼房水。这时，显微镜下的景象使科赫简直不敢相信自己的眼睛。那些珍珠串似的细菌，好像从睡眠中醒过来似的，又变成了他熟悉的炭疽杆菌，它们蠕动着又相互纠缠在一起。

科赫的脑子里闪过一道火花，原来细菌会改变自己的形态，以适应生存的环境。他立即跟踪下去，做了反复的试验。他将病鼠脾脏的标本保存在相当于死鼠体温的温度中约24小时，待病菌缩成珍珠状，又给它们滴上牛眼房水，使它们复活成杆形菌体。他还直接把珍珠状的细菌接种到小白鼠身上，它们也变成活跃的杆形菌体，而致小白鼠死亡。但是，在活的动物体内，或者温度过高过低，杆形菌体则不能变成珍珠状态。

由此科赫推论道：在一定的温度条件下，炭疽病菌的杆形菌体会收缩成珍珠状，使自己能在恶劣的环境中顺利存活，只要它们在草场上被放牧的牲畜吞下，就会恢复原状，从而杀害牲畜。

　　后来的深入研究证明，科赫的这种推测是完全正确的。原来，炭疽类细菌能缩成小圆球状，称为孢子。孢子周身能形成厚壁，保护自身不受寒冷、干热或化学药品的侵害，甚至还能抵御煮沸的温度，也基本不需要营养和水，它们的致病力可达数年之久。一旦遇上合适的条件，细菌就又复原了。传递炭疽病的不是杆形菌体本身，而是细菌的孢子。

　　于是，科赫向农牧民们建议，要防止炭疽病在家畜中蔓延，可以把炭疽病死畜的尸体烧掉，或者掘土深埋。消灭掉炭疽病菌的孢子，也就切断了疾病传播的环节。

　　分离并证明炭疽病的病原菌即炭疽杆菌，揭示它的生活周期和它的孢子，这在世界医学史上都是第一次。33岁的科赫，由于坚持不懈的努力，由于在工作中表现出的独创性，终于目睹了这场科学奇观。他首次提出的传染病通常是由某种特定的微生物所引起的学说，也是对医学科学的一项伟大贡献。

科赫对自己所取得的成果十分激动，抑制不住地想要把它向医学界报告。他想起了最近刚读过的一篇论文，文章介绍了一种加热分离培养法，可使芽孢细菌得以分离培养。论文的作者是布雷斯劳植物学会的柯恩博士（Cohn F，1828－1898），是当时德国最著名的细菌学家之一。"柯恩博士一定能理解我的发现。只是，他会不会关注一个普通乡村医生的事呢？"尽管科赫心里没把握，最后还是决定给柯恩博士写一封信。

1876年4月中旬的一个晚上，科赫坐下来专心致志地写下这封重要的信：

尊敬的教授先生：

在您的细菌学研究工作的激励下，……很久以来，我一直在研究炭疽病。经过多次失败之后，我终于成功地发现了炭疽杆菌的繁殖过程。在将此事公布以前，我敬请您，尊敬的教授先生，细菌学界第一流的权威，对我的发现作出判断。

恳请您允许我于近日内去植物学会，给您作一些重要的试验。

如果您不嫌冒昧，同意我的请求，是否请您指定我去布雷斯劳的日期。

致最崇高的敬意！

地区医生　罗伯特·科赫　敬上

几天之后，科赫收到了柯恩博士的回信。信中约科赫一星期后去植物学会，当众做试验。从回信的言词中可以体会到，柯恩博士并没有完全相信他的话。这也难怪，近来曾经有过几个年轻人都给柯恩博士去信，声称自己作出了这样那样的发现，但却都拿不出证据。

1876年4月30日下午，柯恩博士和一些应邀而来的著名科学家在布雷斯劳城迎来了乡村医生科赫。科赫衣着整洁，右手提着一只手提箱，左手拎着一个覆盖了半截布罩的笼子，走进了植物学会一间宽敞的实验室。手提箱里装着他心爱的显微镜和一些可怕的炭疽菌滴液，笼子里则是几十只活泼健康的小白鼠。

演讲开始了。科赫向这些医学名人叙述他的发现经过。起初，他有些紧张，渐渐地，他沉浸在自己讲述的情节中，变得越来越自信。

从第二天开始，科赫进行实验的演示。头天，他已经给一只小白鼠引种了炭疽病菌，现在这只小白鼠已经死了。科赫从死鼠脾脏中分离出炭疽病菌，反复让医学家们通过显微镜观察这些杆菌是如何在牛眼房水中生长繁殖。通过多次的连续培养，他又获得了炭疽病菌的纯种，然后把它们引种到小白鼠身上，看它们如何杀死小白鼠。他一次又一次地让大家看杆形菌体干缩成孢子，在动物体内恢复到原来的模样，传播炭疽病。他的操作熟练而规范，显示出科学家训练有素的技能。

演示共持续了三天。科赫当着这些医学家的面，通过显微镜把炭疽菌的真相逐渐展现出来。他自信地为他们描绘出炭疽菌的生命循环史。他的实验无可怀疑地证实了这些杆形菌体确实是炭疽病的病源。

观众们为科赫的精彩演示感到十分激动。欧洲实验病理学权威科因海姆（Cohnheim J，1839－1884）教授不禁冲上前去，紧紧握住科赫的手，兴奋地说："一个完整无缺的发现，完整无缺，无须加以补充！我认为这是微生物学领域中最伟大的发现。期待您作出更多的发现！"其他医学家们也一个接一个地走上前来，向科赫表示由衷的祝贺。

科赫以他出色的工作赢得了这些科学家的尊敬和友谊。柯恩和科因海姆热情地帮助他，向他建议把他的发现呈交给西方医学界公认的病理学权威微尔啸（Virchow R，1821－1902）。然而，科赫的柏林之行却使他感到失望。因为当时微尔啸已疏远学术研究，正热衷于普鲁士下议院议员事务，对这位农村医生的发现似乎毫无兴趣，表现十分冷淡。

科赫又回到了沃尔施太因那间小小的实验室。兴奋与失望引起了他心中的波澜。他决心把他的发现公之于众。经过用心的整理和思考，他撰写了一篇长达40页的论文，以《炭疽病病原学，论炭疽杆菌发育史》为题，发表在柯恩博士主编的《植物生物学论丛》上。论文全面介绍了他在炭疽方面的工作。这篇论文至今仍然是医学史上的一篇经典著作。

把细菌监管起来

　　1877年夏，科赫经常去布雷斯劳城柯恩博士的实验室。在共同的研究工作中，他们的友谊进一步加深。10月，他在那里结识了年轻的大学毕业生埃尔利希（Ehrlich P，1854－1915）。埃尔利希这个月在布雷斯劳大学通过了医学生国家考试，他常常向科赫请教细菌学研究方面的问题，后来成为科赫主持的传染病研究所中的主要助手，并成长为一名诺贝尔奖金获得者。

柯恩和科因海姆一直在努力帮助科赫，他们利用各种机会宣扬他的成就，并说，让这样一位科学家埋没在偏远的乡村小城，德国应该感到羞耻，他需要一个良好的科研环境和条件，以便能集中精力继续进行他的研究工作。而科赫关于炭疽病菌的论文，则使每一位读者，尤其是那些与科赫处境类似的私人开业医生，都受到了巨大的鼓舞。

全世界都开始注意科赫和他的工作了。1880年春，他被聘任为柏林帝国卫生局的成员。这样，他就可以不为谋生而为人看病，有了更多的时间和优良的设备进行细菌学的研究，得以更充分地发挥自己的才能。正是在这前后数年，科赫在细菌学技术方法的创造和改进方面做出了很大的成绩。

由于细菌的个体非常微小，而且又透明无色，所以即使采用当时最好的显微镜，也不能很清晰地观察到它们的形状，所以科赫一直想给细菌染上鲜艳的色彩，以便能容易地分辨它们。

当时在细胞学研究中已采用工业中的亚尼林染料

给细胞染色。1877年，科赫开始将亚尼林染料转用于细菌的染色。他和热心于这项研究的埃尔利希一起，进行各种各样的实验。

他们将含有细菌的滴液标本抹在载玻片上，待涂片干燥、细菌固定后，加上染料进行染色，然后用火焰给玻片加温，以促使细菌着色。这些给细菌染色的方法，都属于首次创用。

最困难的莫过于后来给结核杆菌的染色。由于结核杆菌比炭疽杆菌要小得多——只有后者的1/10那么大，所以用平常的染料和方法，再使用放大数百倍的最好镜头，看到的也只是一个模糊的影子。

于是，科赫的实验室似乎成了出售染料的小店铺，桌子上、柜子里到处都堆满了五颜六色的瓶子。他尝试着用各色染料一一给标本染色，棕色的、绿色的、紫色的……他的双手给弄得像个染匠似的花花绿绿，手上的皮肤则因反复在二氯化汞杀菌液中浸泡而变得晦涩起皱。试过了几十种染料，结核杆菌仍然没有留下清晰的痕迹。科赫没有灰心，执著地更换染料进行实验。终于，他把标本放在一种叫做次甲蓝溶液中长时间浸泡后，再取出来用显微镜观察，这一次，细菌屈服了，穿上了不再褪色的蓝衣裳，显出了它们纤细的轮廓，可以清清楚楚地对它们进行研究了。科赫创用抗酸性染色法，终于使结核杆菌原形毕露。这时是1882年。其后，这种染色法又经埃尔利希改进后，长时间为微生物学家们所沿用。

　　结合细菌染色法的研究，科赫还开创了显微摄影术。在这以前，科学家们只能用文字或图画来说明、描述在显微镜中观察到的现象。显然，这很容易产生混乱，因为图画不可能描得十分精确。所以科学家们迫切希望用摄影技术来表达他们的研究成果。科赫先采用细菌染色法，使细菌在显微镜下清楚地显现出来。然后他使用特殊的聚光器、遮光板和放在液状脂肪中的透镜来给细菌照相。科赫研究成功的显微摄影术，有利于细菌形态学资料的比较和保存，为细菌学的深入研究提供了极大的方便，至今仍在应用。

　　研究细菌首先必须方便地取得细菌标本。如何能大量分离出单一纯种的细菌，是当时面临的又一个难题。

我们还记得，科赫在观察动物体外培养出的炭疽杆菌的生长繁殖情况时，为不受其他细菌的干扰，曾想出了一种富有独创性的方法。他是这样做的，取一张较薄的载玻片，加热灭菌后，在四周涂上一层薄薄的凡士林，再在载玻片中央滴上一滴混有死鼠脾脏的牛眼房水。然后，又取一张较厚的载玻片，在其中央磨出一个小凹窝，把凹窝对准并盖在较薄的载玻片中心有菌液处，使两片载玻片紧紧地粘在一起。最后，把这个装置反转过来，这时候较厚的载玻片在上，菌液悬于其凹窝中，就能在目镜下很方便地观察标本的情况。这就是科赫发明的"悬滴标本检查法"，至今作为一种不染色细菌标本检查法仍在运用。

但是，如果要想清晰地观察到各种各样的细菌，尤其是要想经常大量地取得纯种细菌。那这种方法不仅操作复杂，取用不便，而且培养的细菌数量也有限，不能满足需要。

　　科赫知道，细菌的生长繁殖必须要有充分的养料和适合的条件。当时人工培养细菌所用的营养物质（称为细菌培养基）都是液状物。科赫也曾根据不同种类细菌的嗜好，特地调制了各种美味的肉汤，让细菌在肉汤里充分吸取养料，又快又好地生长繁殖。可是，这样生长起来的细菌总是多种多样的，有的球形，有的棒状，混合在一起，很难分离。

　　"肉汤是液状物，各种细菌在里面自然容易自由游动："科赫沉思着，在房间里来回踱步。"如果让细菌在固体物质上繁殖呢？这样一来，它们就不会自由游动，可以各自固定在一个地方生长繁殖，而不相混杂。"

　　想到这里，科赫记起了1872年德国科学家加勒德（SchrÖder H.G.F，1810－1885）所做的一个实验。施勒德曾用马铃薯斜切面作为培养基，发现其表面长有不同色素的菌落，并证实每一菌落只含有一种类型的细菌。可是，马铃薯所含的营养成分毕竟有限，不利于细菌的滋长。

"用什么作细菌培养基，才可以既能使细菌得到像肉汤那样的营养，又能使细菌像固定在马铃薯切面上那样不相混杂呢？"科赫为此绞尽脑汁，日夜苦思，常常连夫人埃米放在桌上的饭也忘了吃。

　　一天，在房间里踱步的科赫随意地将脚步停在了饭桌前，眼光不经意地掠过桌上的食物，脑子里仍在苦苦思索。突然，他死死地盯住了放在桌上的一盘肉汤。放凉了的肉汤已变成胶稠状。噢，凉了的肉汤就会凝冻！灵感的火花又一次闪过科赫的脑际。

　　"对，这是由于肉汤含有胶质的缘故！胶质越丰富，凝冻得就越结实。我何不试一试用动物明胶来做培养基呢！"

　　兴奋的科赫说干就干。他找来一些动物明胶，加上少量的水，把它们加热熔化，再往里加进一些牛肉汤，以增加养料，然后把这些混合物倒进几个大盘子中。不久，混合液凝固成了胶冻状的平板。科赫用一根曾在细菌混合液中浸过的金属丝在胶冻表面划下了一道道浅痕。果然，每一种细菌只固定在与胶冻接触的最初的一点，同时又只吸取着这一处的营养，生长繁殖起来。一小堆一小堆的细菌在胶冻平板上生长着，有的光滑、洁白，有的却似金黄色小茸球。这些菌落就是从一个细菌繁殖起来的细菌团，而一堆菌团中就只是单一纯种的细菌。

世界上第一个可以分离纯种细菌的半固体培养基在科赫手中诞生了，它对当时细菌的研究起了巨大的促进作用。后来，他在运用这一发明培养结核杆菌时又遇到了很大的困难。结核杆菌在各种肉汤胶冻里总不能生长。经过许多次试验，他又发明了著名的血清培养基。他到屠宰场弄来不少小牛血清，加热灭菌后装进试管，并将试管斜放，这样就有较大的血清表面，便于培养细菌。当血清凝结成半透明的黄色胶冻时，接种上豚鼠的结核组织，并使试管保持适宜的温度。就这样，他终于培养出了纯种的结核杆菌。

当科赫意识到胶冻细菌培养基这项新技术的重要性以后，决心再次向微尔啸请教。可是，这时微尔啸已作为柏林选区的议员加入了德意志帝国议会，并担任了在野党的领导人，只是由于中年以前的经历，才使他头上仍然笼罩着学术权威的光环。他需要的是对达到他的政治目标有用的人，因此对科赫仍然冷淡而疏远。这令科赫的心情沮丧而又气愤。然而，同样作为著名科学家的巴斯德却不一样。当1881年，科赫在英国皇家学院的实验室中演示了培养纯菌种的新技术后，尽管他曾在几年前发表过一些与巴斯德不同的观点，巴斯德还是走上前去，激动地对科赫说："先生，这确实是一项伟大的进展！"

不过，科赫发明的这项新技术也还存在某些不足之处：由于明胶熔化点低，细菌培养的温度不能超过20℃，而有的细菌在这种情况下却生长缓慢；另外，有的细菌能分解明胶，使分离的细菌又重新混杂。1882年，科赫的学生赫斯（Hess W，1846－1911）受其夫人启发，改用海藻中的多糖提取物——琼脂替代明胶。琼脂在温度达到42℃时仍能保持固态，而且大多数病原菌不能分解琼脂。因此，用1.5%—2%琼脂固体培养基以分离细菌纯种技术之一。科赫的另一学生配替（Petri R.J，1852－1921）创用平皿来替代科赫采用的普通玻璃平板。这种平皿开放操作方便，通气，又能保持无菌状态。

瞄准"白色瘟疫"的祸首

1881年8月，第一届国际医学会议在英国伦敦召开。受帝国卫生局的委派，科赫以德国代表团成员的身份参加了这次会议。由于面临的严峻形势，这次会议讨论了被称为"白色瘟疫"的严重传染病——肺结核病。

自古以来，结核病就是人类的大敌。在非洲的文明古国埃及，一种古老的风俗曾经流传了很久，人们把死去的奴隶主的尸体，用贵重的香料和树胶紧紧封缠起来，然后存放到金字塔里。他们以为这样做可以使死去的"灵魂"重新找到自己的躯体。由于香料的防腐和树胶的隔绝空气作用，尸体久久都不会腐烂，这些干化了而一直保存到今天的尸体就是"木乃伊"。就在这些古老的木乃伊上，科学家们经过仔细研究，竟在为数不少的木乃伊骨骼上，发现有结核菌侵袭的痕迹。可见在离我们四五千年前的上古时代，结核病就已经在人类中肆虐。

在中国古代，肺结核病俗称痨病，当时如果有人得了这种病，就只有熬到"油干灯草尽"，只剩下一副皮包骨，直到最后悲惨地离开人世。所以长期以来，人们谈痨色变。

由于对结核病的病原体、预防、诊断、治疗等方面知识的无知，在漫长的岁月里，人们只是徒劳地和结核病搏战。一直到了19世纪，结核病仍被视为人类的大灾难。在那时人类各种疾病的死亡率中，结核病高居首位。

1882年，普鲁士的结核病死亡率达到总人口的

3‰，欧洲其他各国情况也与此相近，在中年死亡者中，约有1/3，1/2是被结核病夺去生命的。而整个19世纪，死于肺结核病的人数竟然达到三千多万人！

这次国际医学会议促进了科赫对肺结核病的关注。乡村医生的经历，使他早就经常目睹肺结核对许多家庭的袭击。有一次他曾说，与霍乱、腺鼠疫等同样可怕的疾病相比，肺结核在文明国家中夺去了的生命更多。

因此，在这样严峻的形势下，他挺身而出，义不容辞地承担起研究肺结核的重任。而且，从他以后的经历中可以看出，这项工作成了他生活中最为重要的内容。

在科赫以前，19世纪的一些医学家已对肺结核作过探索性的研究工作。瑞士医生许恩拜恩（Schönbein C.F，1799－1868）于1839年在死于肺结核的人体内找到一种叫做结核的瘤或肿块，这也是肺结核得名的由来。

但是，肺结核的起因问题并不清楚。有的医学界人士相信这是一种自体外传入体内的传染病，而有的人则认为这是一种由父母亲传给下一代的遗传病。后来，科赫的好朋友科因海姆教授做了一个著名的实验，他将极小一点肺结核组织注射到兔子眼球的"前房"（角膜与晶状体间充满液体的腔隙）里面，使前房组织形成了许多微细的结核病灶，接着病变扩散，兔子死亡。这个实验的精彩之处在于，人们能通过角膜这一透明的"窗口"亲眼看到结核病的发展过程。尽管还未能直接观察到肺结核的病原菌，但人们已相信，这种病是由某种细菌引起的。科因海姆本人也预测，不久就会有人发现它们。从1877－1881年间，真有许多人声称发现了肺结核的病原菌，其中一些人或许是看到了结核杆菌，但他们不能加以证明。

这是因为，结核病病原菌的分离、培养和观察具有一些特殊的难处，它在普通培养基中不大容易生长，在特殊培养基中也生长得极其缓慢；而且这种微生物还必须用特殊的固定和染色技术才能被观察到。而这些技术关口，都已经或很快将被科赫突破。

这样，当科赫从伦敦回到柏林时，他心里已充满了信心。因为有其他医学家所作初步实验的基础，所需的技术方法自己也基本掌握，可以与凶恶的肺结核病作斗争了。

总结了这些年细菌研究的工作，尤其是对炭疽杆菌研究积累的经验，在动手之前，科赫首先确定了往后细菌学研究工作的一系列指导原则。他认为对肺结核病原菌的研究也必须应用这些原则：

1.引起某种特定疾病的病原微生物必须在这种疾病的所有病例中查见，而在健康人中不存在；

2.然后，必须能将这种特殊的微生物进行体外分离培养而得到纯种；

3.给健康的易感动物接种这种纯种微生物，能发生同样的疾病；

4.从上面人工感染的实验动物体内仍可分离培养出这种特定微生物的纯种。

这就是著名的"科赫原则"。在今天的细菌学研究中，也仍然必须遵守这些原则。不过，也存在一些例外的情况，如后来的研究发现，有些明显的健康人也可以是带菌或带病毒者；有的病原微生物迄今尚未能在体外人工培养出来。

"如果前面四条都能实现，那么我的结论就是不可动摇的了。"科赫对埃米解释道，"所以，首先我要使肺结核病原菌在显微镜下原形毕露，然后再对它们进行分离和培养。"

当时，帝国卫生局给科赫配备了两名有才华的青年军医格夫基和莱夫勒做他的助手。这两位青年医生工作努力，也渴望在工作中有所创造发明，而且他们很尊重科赫，三人在工作中合作得很好。不过，那时两位助手在科赫指导下正忙于各自的课题，格夫基的目标是伤寒杆菌，而莱夫勒的目标是白喉杆菌，后来他们都成功地分离出了各自研究的细菌。因此，科赫一人独自承担起了研究肺结核病原菌的重任。

科赫曾仔细地研究过科因海姆的实验，他相信结核菌一定存在于结核里。他决定从重复科因海姆的实验入手。

一天，科赫获悉在柏林仁济医院里有一个结核病人刚刚死去，科赫迅即赶到医院。死者是一个36岁的工人，三周前还身强力壮，但突发咳嗽，伴有轻微胸痛，身体迅速萎靡衰竭，入院四天后就死去了。经尸体解剖，发现全身各器官都布满无数像小米大小的灰黄色结核病灶。按今天的诊断来看，病人显然是患急性粟粒性结核病。

参照科因海姆所用的方法，科赫用烧灼过的刀切取了一点结核组织，研碎后再用特小注射器把它注射入兔子眼球的"前房"和几只豚鼠的皮下。他心中没有底，不知这些实验动物会出现什么样的结果。

在等待实验结果期间，他把同时从死者身上采取的另外的结核组织放在显微镜下直接研究起来。起初，他没能看到结核病菌。后来，经采用他发明的抗酸性染色法给标本染色后，他终于发现了一种陌生的蓝色细菌，它们呈杆状，但比炭疽杆菌小多了，而且有明显的弯曲度。科赫又拿死者的结核组织制成的其他标本采取同样的染色法后，一检查，都发现有一模一样的蓝色小杆菌。

"也许这就是那凶恶的结核病菌吧？"科赫低声自语，"我从来没有见过这种小东西。"

当他把注意力转向那些注射过的兔子和豚鼠时，它们也开始消瘦下来，最后全都死了。科赫解剖了这些死去的动物，发现它们体内都布满了与那个死者体内一样的结核病灶。

再将病灶标本染色检查，同样发现了许多染成蓝色的、弯曲的小杆菌！

科赫决心获得更多的证据，以证明在尽可能多的肺结核病例中都存在同样的现象。每天早饭后，他都急匆匆地赶到医院，去采取结核病死者的标本，往往长时间地等候在停尸间，晚上则久久泡在实验室里，每天工作时间常常长达18个小时。后来，柏林的每所医院都接到命令，指示他们把刚死于肺结核的人的结核组织送给科赫。

科赫进行了一场大规模的接种运动。他将采得的结核组织，注射到成百只健康的动物体内。这些动物有数十只豚鼠、3只狗、13只猫、10只小鸡、12只鸽子，以及不等的小白鼠、大白鼠、田鼠、土拨鼠和猴子，这几乎是他能弄到的所有动物。他日复一日地进行辛苦、单调而又重复的注射工作，然后又忐忑不安地等候实验结果。

伟大的发现

"我获得的结果总是一样的。"终于有一天，科赫向正忙碌着的格夫基和莱夫勒宣称，"凡是在患结核病的人或动物身上都能找到那种蓝色的杆状菌，而在健康的人或动物身上却完全看不到它们。"

"这就是说，您已发现了结核病的病原菌了！老师，或许您可以向医学界宣布您的成果了吧？"两位助手热烈地向他们的老师表示了祝贺。

"不，还没有到这一步。"科赫摇了摇头，继续说道，"要使结论无可置疑，要使所有的人都彻底信服，还需要做很多的工作。"他走过去，轻轻地拍了拍助手们的肩膀："对我们从事的工作，千万别急着下结论！我们需要的，是建立在充分的事实基础上的说服力。请你们继续留意这一点，好吗？"

科赫重新回到了实验室，又埋头于研究工作。下一步，他打算在动物体外的培养基中分离培养这种杆菌，并纯化它们。

经过许多次挫折的考验，他发明了用于培养结核病菌的血清培养基。在分离培养的开始阶段，每天清晨，他都要从细菌培养器中把试管拿出来，仔细观察接种了豚鼠结核组织的血清培养基有无菌落出现。一般的细菌通常只要在培养基中培养两天就会大量生长，而这次10天过去了，仍然没有出现什么征兆。

日子一天天地过去了。尽管科赫有着极强的耐心，但这次他几乎快要完全失望了。一直到第15天的早晨，他不抱什么希望地掏出带在身边的袖珍放大镜，将它靠近一个试管口。他喊道："啊，血清胶冻的表面上好像出现了一些斑斑点点的赘生物！"

科赫兴奋极了，他立即从中挑取了一点斑点物质，涂在玻片上，染色，用显微镜观察。一点不错，正是那种蓝色、弯曲的小杆菌！科赫乘胜追击，又开展了一场大规模的血清培养工作。他先后从患结核的牛、猴等43种动物身上采取实验材料，然后把它们接种到血清培养基上培养，结果都获得了同样的结核杆菌培养物。而且，他还不断地把它们纯化，得到了杆菌的纯种。

实验进入了最后阶段，他要看看这些人工培养成的杆菌，能不能使健康动物再染上结核病。科赫充满信心，以坚忍不拔的精神将实验继续进行下去。

科赫将体外培养成功的纯菌种，又回复注射给他所能找到的每1只健康动物：豚鼠、兔子、大白鼠、猫、鸡、猴，甚至还有乌龟、麻雀以及5只青蛙、3条鳗鱼和1尾金鱼……实验室简直成了热闹的动物实验园！他每天都在这些动物之间巡视。时间一天天地过去，动物的表现出现了差别：一些动物仍然很健康，如稳重的乌龟还是那样若无其事，悠闲的小金鱼在鱼缸里展示它美丽的身姿，鳗鱼在缸底时不时地伸缩自己柔韧的身躯，而青蛙还是那样活泼好动地蹦来蹦去；可是，豚鼠、猫、鸡等却开始生病，身体很快消瘦，最后一只只地死去了。科赫用显微镜对死去动物的器官进行了检查，从每一件标本中都可以观察到造成死亡的蓝色杆状体——结核杆菌。

这次实验不但证实了人工培养的结核杆菌纯菌种能同样使动物产生结核病，而且还表明，只有在自然条件下患结核病的动物才能人工地引起结核病，而在自然条件下从不患结核病的动物是不能通过人工接种引起这种疾病的。

至此，在鉴别与确定结核杆菌为结核病病原菌的研究工作中，科赫已获得了完整的证据。不过，要征服结核病，还必须弄清一个重要的环节，即在自然条件下结核病的传播途径。当时，一切明显的证据都已表明人类结核病主要是通过呼吸道而传染的。科赫决心用动物实验来证明这一点。

往常科赫在进行结核杆菌的研究时，为了防止这些可怕的细菌散播，都是异常地小心，比如经常不忘将双手浸入二氯化汞中去消毒。现在要用人工把结核杆菌弥散到空气中去，其危险性可想而知！稍有不慎，他本人就有可能遭到这些细菌的侵袭。

　　科赫特制了一只大箱，把它放在花园里。箱内装有一个喷嘴，连接上一根通出箱外的管子，这根管子一直通到他的实验室里。然后，他把几只兔子、老鼠和豚鼠放进箱子里。

　　一连几天，科赫每天花半小时通过喷嘴用手动风箱把含有结核杆菌的尘雾喷进箱子里，使箱子内的动物生活在结核杆菌弥漫的尘雾之中。10天后，3只兔子首先出现呼吸困难；25天后，豚鼠也病相丛生；最后，这些可怜的动物开始消瘦，迅即一只接一只地死去。科赫通过箱子上的一个小窗口看到了这一切。他冒着危险从箱中取出那些死动物，进行解剖、检验，证实这些动物全都是因为感染结核杆菌而致死。

　　所有进行过的实验都取得了完美的结果。一项伟大的发现终于问世了。

　　1882年3月24日晚，柏林下着毛毛细雨。柏林大学卫生研究所的大理石建筑物，庄严地坐落在施普雷河岸边。这天晚上，柏林生理学会将在这里举办一场学术报告会，听取科赫介绍那早已引起人们广泛关注的对结核杆菌的研究工作情况。

　　柏林生理学会的会员虽然人数不多，但这个学术组织却很有影响力。这天晚上，它几乎邀请到了德国医学界全部的权威学者。柯恩、科因海姆和埃尔利希自然不会缺席，甚至连微尔啸也到场了。这些医学界人士中，既包括认为结核病是传染病的，也有持结核病是遗传病观点的。

　　人们都聚集在卫生研究所的一间图书室里。大家相互低声致意后，都静静地等待着报告会的开始。屋子中间的大桌子上，摆放了十多台显微镜和大约二百多个标本。报告会的主持人，德国著名生理学家、柏林生理学会会长杜布瓦·雷蒙（Du Bois Reymond E.H，1818－1896）教授挨着桌边坐着。科赫坐在他的旁边，用手轻轻地拧动着一台显微镜上的螺旋。格夫基和莱夫勒则围着桌子忙个不停地整理着那些标本。

终于，雷蒙宣布报告会正式开始。科赫不紧不慢地站起来，摘下金丝边眼镜，把它擦干净后再戴上，然后从口袋里取出几页手稿，开始讲起来。他声音响亮而沉着，充满了自信。全场听众都全神贯注地看着眼前这位身材不高、蓄着一把大胡子的医学家。

科赫扼要而有条有理地叙述了他这大半年来的研究工作，那伴随着成功和失败所走过的每一步，深深地打动了科学家们不轻易激动的心。随着演讲和演示的逐步深入，听众体会到，医学界一个久远的梦想和孜孜以求的目标确实已经实现了。最后，科赫宣布了在场的每个人期待着的结论：

"我已经成功地发现了结核病的致病菌，它就是结核杆菌。"

接着，结合他对结核病传播途径的研究成果，就如何与肺结核作斗争的问题，郑重地提出了他的建议："首先要尽人类的能力封锁传染病菌的来源。"

当科赫报告和演示完毕时，全场鸦雀无声，没有任何人提出疑义，这在柏林生理学会的历史上是罕见的。充分而坦率的讨论是这个团体恪守的传统，不知有多少人曾在这里被驳得无法收场。

人们渐渐不约而同地把目光集中到科赫的主要反对者微尔啸身上。但面对如此严谨、系统而完美的研究工作，微尔啸无从反击，只能站起来戴上帽子，默默地离开了会场。

"在那次难忘的聚会上，"埃尔利希后来写道，"科赫当众作出一项宣布，这在人类的一种最严重传染病的历史上是个转折点，它铺平了通向研究和控制疾病的新世纪的道路。科赫用清晰而简扼的语句，令人信服地说明了结核病的病因，还提供了许多显微镜镜检涂片和其他的物证。每一个听到那次演讲的人都被深深地感动了。我必须说，那一晚已成为我最重大的科学经历而常留在我的记忆之中。"

莱夫勒后来也说："房间里听他演讲的人，没有一个不承认科赫作出了划时代的发现。"

　　17天后，科赫的著名论文《肺结核病因学》在柏林《临床周刊》上发表了。

穷寇宜追

　　科赫发现结核杆菌的消息立即传向世界各地。伦敦的《泰晤士报》很快作了报道，不久，大西洋彼岸的美国人也知道了这个消息。报纸上出现了誉他为"杆菌之父"的诗歌，他的照片甚至印在了手绢上！

　　但科赫对名望并不感兴趣，他照旧继续研究结核病。世界各地的医学界人士相继来到德国，向科赫请教。他们纷纷仿效科赫的方法，对结核杆菌开展研究。1883年5月，科赫应邀主持了帝国卫生局在柏林举办的一个细菌学博览馆。包括欧洲的一些皇族成员在内，来这里参观的人成百上千。他们汇聚在博览馆里，聆听科赫讲解他的研究成果。

到1884年，科赫又发表了他关于结核病的第二篇著名论文《论结核病》。在论文中，他再次阐明了结核杆菌系结核病的病原菌这一结论，并着重论述了结核杆菌在结核病发病学中的作用以及两者的关系：结核杆菌只在结核病例中出现，不在别处出现；在疾病有明显的症状之前结核杆菌就已存在了；疾病的过程与结核杆菌的数量、出现和消失都直接相关。文中提到，他在最后阶段的实验中，总共用了94只豚鼠、44只白鼠和70只兔子来证明他的最后结论。这篇医学经典著作长达82页，还附有许多精彩的照片。科赫没有忘记那些曾对结核菌作过先驱性研究的医学家们，他在论文中怀着敬意写道："他是站在前辈们开创的基础上才能有所发现的。"

这篇文章的发表，不但对"肺结核是遗传病"的错误观点是一个沉重的打击，而且也开启了科学防治结核病的新起点和新途径。也是在这一年，莱夫勒在科赫的指导下，成功地分离出了白喉杆菌。在致力于细菌学研究十余年后，科赫终于获得了世界性的声誉。

在其后的六七年间，除了中间有一年时间暂时中断外，科赫一直在努力开拓对结核病的研究，希望能更多地了解这种疾病，并找到一种有效的治疗方法。

1885年初，科赫谢绝了莱比锡大学的聘请，出任柏林大学卫生学和细菌学教授及该校卫生研究所所长。

这时科赫已过了不惑之年，他身形偏瘦，棕色的头发和络腮胡子，总戴着一副金丝边眼镜。他生性较为严肃，和不熟悉的人相处，话总是不多。那些不是为了工作，而仅仅是慕名而来以图交际的人，特别使他感到讨厌。他感到教学工作并不太适合自己的志趣，宁愿独自埋头于实验室的研究工作之中。尽管这样，他对学校的工作仍然尽职尽责。在课堂上，他讲课简明而极有条理；或者整天在实验室里认真指导学生们做实验。晚上，有时他也喜欢和朋友们在一起闲谈。他的记忆力之好常使人吃惊，而且有时也不乏幽默感。

使他高兴的是，在他周围逐渐集聚了一些出色的青年医学工作者。除了格夫基和莱夫勒外，1885年来了日本人北里柴三朗（1852－1931），他后来成为血清疗法的创始人之一；而1888年进入卫生研究所的贝林（Behring E.A.von，1854－1917），后来成为德国著名细菌学家，因研究白喉的血清疗法，获得了首届诺贝尔生理学与医学奖。这些青年人都有献身科学的勇气，工作勤奋，科赫与他们合作得非常愉快。1886年，科赫还与德国著名细菌学家弗吕格（Flügge C，1847－1923）合作创办了《卫生学杂志》，这本杂志出版至今，在微生物学界仍具有权威性。

到1890年，科赫对结核病的研究又获得了新的成果，这就是结核菌素的发现。这项发现不仅对结核病的诊断具有重要的实用价值，而且对免疫学的建立和发展做出了自己的贡献。

　　事情开始于1888年。一次，他在给一只豚鼠注射了结核杆菌后，这只豚鼠突然出现了强烈的反应，注射局部还出现了明显的红肿。这在以前是从没发生过的事，因为据以前的研究证实，人或动物感染结核杆菌后都至少要经过几个星期的潜伏期后才会发病，即使接种较大量的结核杆菌也是如此。仔细一检查，科赫才想起来，原来这只豚鼠在一星期前已注射过一次结核杆菌了。

　　这个异常现象立即引起了科赫的注意。他又多次重复了这个实验，都取得了同样的结果。这个实验，后来被医学界称为"科赫现象"。实验结果使科赫联想到，可以把这个方法转用于人类结核病的早期诊断上。正是从这个联想中科赫发现了结核菌素，对医学做出了另一项重要贡献。

　　结核菌素是用消过毒即被杀死的结核杆菌制成的液体。科赫先把从液体培养基中生长起来的结核杆菌用消毒的方法杀死，然后将液体滤掉，再蒸发掉一些剩余水分以增加浓度。这实际上是一种灭活结核菌疫苗，只是这种灭活菌株疫苗接种在健康人身上后并不能使人对同类细菌产生有效的免疫力。

但是结核菌素用于诊断结核病至今仍然是有价值的。如果将极少量的结核菌素作皮下注射，结核病患者一般会感到像伤风般的发热，并且在病灶上有反应；而健康人即使注射进十倍的剂量也不会有反应。科赫就曾经在自己身上做过这样的实验。还可以采用皮肤接触的检测方法，即把用结核菌素浸泡过的胶布贴在皮肤上，或用含有结核菌素的针头在皮上划痕，如果皮肤上出现一片红肿，那么就证明被测试者已传染上结核杆菌了。

"科赫现象"实际上是一种超敏反应。这种反应是动物免疫机制的一种体现；结核菌素的发现推动了免疫疫苗的进一步发展。早在1876年，当科赫将小白鼠脾脏中的炭疽杆菌移种到青蛙背部的淋巴囊里时，就发现炭疽菌可被囊内的细胞所吞噬，这实际上是动物细胞免疫防御功能的一种反应。这些，都是科赫对免疫学的建立和发展所做出的贡献。

在科赫的后半生中，征服结核病这个凶恶的敌人成了他念念不忘的奋斗目标。为此他经受了许多沉重的挫折和失败，也取得了令世界震惊的伟大成就。一直到他逝世前的十几天，关于怎样探索肺结核病治疗的主要途径的问题依然在他脑海中萦绕，他还谈到要建立一座新的病房大楼，以便医治更多的结核病人。在人类与结核病的斗争历史中，科赫的名字及其所建立的功勋将永远被人们铭记。

结核病确实是一种发病率很高的严重危害人类的传染病。结核杆菌主要借助飞沫、尘埃经呼吸道传染而患肺结核；也经常由饮食经口腔传染引起消化道结核病。这种细菌对干燥抵抗力大，在干燥痰迹中可活半年；在干热100℃时，20分钟内不会死亡。它们随着肺结核病人咳出的痰液到处散布，很容易被人们吸入肺里。一旦人的抵抗力减弱，它们就乘机作乱，在肺组织里肆无忌惮地繁殖和蔓延，还可以侵入淋巴结、泌尿系统、骨骼等多种组织器官，引发各类结核病。

在科赫之后，人类仍然顽强而艰苦地与结核病作着殊死的搏斗。1921年，两位法国医学家卡尔默特（Calmette L.C.A，1863－1933）和介兰（Guérin C，1872－1961）经过13年的不懈努力，用结核杆菌的减毒菌株，研制成功了预防结核病的疫苗——卡介苗；1944年，美国微生物学家瓦克斯曼（Waksman S.A，1888－1974）发现和制成了对结核病有有效治疗作用的抗生素链霉素，并因此荣获1952年度的诺贝尔生理学和医学奖；1950年，曾获得1939年度诺贝尔生理学和医学奖的德国病理学家、细菌学家杜马克（Domagk G.J.P，1895－1964）又发现了抗结核药物异烟肼。这些重大的科学成就，使人类对结核病已达到完全可以控制的地步，曾一度使之几乎销声匿迹。

但是，由于结核杆菌在同药物的长期斗争中逐渐产生了抗药性，近几年来，肺结核病有卷土重来之势，而且来势汹汹，尤其在青年学生中出现了很高的发病率。据世界卫生组织（WHO）宣布，1995年世界肺结核感染人数为17亿，死亡人数为300万；在全世界所有成年人的死亡中，死于肺结核病者达1/4。同年，中国死于肺结核的人有25万。面对这种严峻形势，英国《新科学家》杂志发表文章惊呼："如果医生不能很快找到一种办法去对付抗药性肺结核病，那么19世纪的这种大灾难很可能会使21世纪陷于恐慌。"

人类在彻底征服结核病的道路上又遇到了新的严峻挑战。战斗正未有穷期，我们不能丝毫松懈斗志，要发扬"痛打落水狗"的顽强精神，继续与结核病这个凶恶的"敌人"战斗下去。医学家们正在积极寻找新的抗结核药物和治疗方法技术；而同时，注意个人和环境卫生，提高全民健康水平，认真开展预防接种等，仍是与结核病作斗争的重要有效手段。

在科技突飞猛进的今天，相信人类必将在这场严峻的与结核病斗争中取得最后的完全胜利。

霍乱菌终于被擒

1883年，由于突然在近东蔓延开来的霍乱病，使科赫对肺结核的研究不得不暂时中断了一年，转而去研究霍乱。

这年夏天，埃及发生了霍乱大流行，成千上万的病人死亡，造成了几乎不可收拾的恐怖局面。这种烈性传染病常常初发于印度，然后越过大海和沙漠，侵入埃及，直接威胁欧洲南部，进而震慑整个欧洲。埃及政府向法国和德国发出了紧急求援的呼吁。这两个国家立即响应，迅速组织人员，先后开赴抗病第一线——埃及的亚历山大港，抢救病人，寻找病源。为战胜人类共同的敌人，这两个曾以干戈相见的国家，又站到了同一条战壕中，都派出了自己优秀的科学家共同对"敌"。

法国远征队比德国人先到达亚历山大。其时，巴斯德本人由于生病，没有随队远征，他派出自己最优秀的助手鲁克斯（Roux E，1853－1933）率队前往；科赫本人则亲自带领德国霍乱调查团奔赴前线，队伍中有他的老助手格夫基。这既是一次抗病救灾的国际合作，也是一场科学研究的国际合作与竞争——从某种意义上说，也就是一场法国的巴斯德和德国的科赫之间的竞争。

实际上，在大学刚毕业、担任汉堡综合医院的助理医生时，科赫就遇到过一次霍乱流行，并积极参加了对病人的治疗工作。从他那时的笔记看，他实际上已看到了霍乱菌，只是没有意识到，从而失去了一次探明霍乱病奥秘的机会。而如今，科赫已不再是当年那个没有经验的青年医生，机遇使霍乱病菌又撞到了他的"枪口"上，看来，这个凶恶的病魔这一次是再难从他手中逃脱了。

8月，科赫和由他率领的调查团携带着显微镜和实验动物，一到达亚历山大港，就立即投入了紧张的工作。他们废寝忘食，检查了一具又一具霍乱病死者的尸体，并从尸体上采取实验材料，接种给狗、鸡、鼠和猴子等实验动物，希望通过人工感染在动物身上复制出霍乱，以便更好地观察研究，但这项实验没有获得成功。烈日的炎暑和撒哈拉沙漠吹来的热风给研究工作带来了重重困难，他们挥汗如雨，连显微镜上也沾满了汗迹。工作是如此紧张，以致连举世闻名的金字塔也没有空暇去观光一下。

一个月的时间很快过去了，但研究工作却没有取得什么进展。出人预料的是，霍乱的传染速度这时突然减慢下来，并逐渐趋于平息。正在这时，传来消息说，法国人已分离出霍乱病菌，正收拾行装，准备回国，这使德国人感到意外和不解。科赫决定亲自到法国队的驻地去看看他们的标本。共同的对"敌"目标和崇高的科学使命毕竟要高于名誉的竞争，法国科学家慷慨地同意了科赫的请求。然而，经过一整天的仔细研究，科赫不得不断定：法国人犯了一个错误，他们把血液中正常的血小板误认成了霍乱病菌。

第二天清晨，正当科赫在考虑如何向法国科学家作适当解释的时候，鲁克斯焦急不安地找到了他，说就在昨天傍晚，他们队中一位出色的青年科学家特威利尔，突然得了急病。科赫立即赶到了法国人的驻地。经过一晚上的高烧和上吐下泻，特威利尔已经眼圈深陷、体力衰竭。显然，这是染上了致命的霍乱。

特威利尔望着科赫，断断续续地问道："分离出的……是……不是霍乱菌？"

科赫深情地握着他的手，眼眶湿润了，这位可敬的青年科学家在生命垂危的时刻，念念不忘的是他为之献身的事业！

"是的，"科赫犹豫了一下说，"你们已经发现了霍乱菌。"他实在不忍心在这种情形下说出事情的真相。

在炎热而阴霾的黄昏，特威利尔终于停止了呼吸。在寻找霍乱病菌的战斗中，科学家付出了生命的代价。面对为人类健康而献身的光荣战死者，两国科学家们汇聚在一起，共同低头致哀。科赫把两个花圈放在灵柩上，庄重地说：“花圈很朴素，但却是用月桂编成的，就如献给勇士的桂冠一般。”

经过这个不幸的事件之后，科赫和助手们怀着悲痛，更加紧张地投入了寻找霍乱菌的战斗。

“格夫基，看到什么了吗？”一次，科赫一面用显微镜观察标本，一面问道。

格夫基正在已被解剖的病人尸体旁，进行肠腔检查。他头也不回地答道：“肠子里还是充满了那些白色稀淡的液体。”科赫放下显微镜走过来，说：“再取一点白色液体接种，看看情况如何？”

格夫基小心地用烧过了的金属丝挑了一点分泌物，接种在培养基上。结果，他们又在显微镜下发现了一种呈逗点状的陌生的细菌。这已经不是第一次在病人的肠腔里发现这种细菌了，在科赫的标本盒中，已积累了不少这种细菌的染色标本。

这时，亚历山大港的霍乱已基本平息下来。科赫决心到印度去继续追踪霍乱，以便最后证实他的发现。他在给帝国卫生局的请求报告中写道："我已经在所有霍乱病人身上找到了一种细菌，但我还不能证实它就是霍乱的病因。把我派到霍乱长年蛰伏着的印度去吧！我的发现就是我的这一请求的理由。"在等待柏林回音的同时，他考察了红海北部地区的卫生情况，结果又在埃及眼炎中发现了结膜炎杆菌，其后美国眼科学家威克斯（Weeks J.E，1853－1949）于1886年证明它是急性传染性结膜炎的病原。

柏林方面批准了科赫的请求。当路过开罗的时候，科赫无法抑制住参观金字塔的愿望，这次终于实现了童年时代的宿愿。之后，科赫等人携带显微镜等仪器装备和50只实验用的小白鼠，乘船南下红海，穿过印度洋，途经锡兰（即现在的斯里兰卡），忍受着严重晕船和长途奔波的劳顿，于1883年12月11日驶抵印度的加尔各答。这一天正好是科赫的40岁生日。

一抵达目的地，科赫立即开始了工作。在加尔各答医学院附属医院的协助下，他们在32名霍乱病死者尸体和16名患者的肠道中，都找到了那种逗点状细菌，而在健康人或动物身上，却找不到这种细菌。这些细菌也能在肉冻和血清培养基中生长和繁殖，从而大大方便了科赫的研究工作。

到了圣诞节，科赫已确信，这种细菌就是霍乱病菌。它比结核杆菌要短一些，但却粗一些，弯曲呈月牙状或逗点状，科赫把它称为"霍乱弧菌"。这种细菌的菌体一端有一根纤毛，运动极为活泼，在显微镜下呈穿梭或流星状。接着，科赫又查明了霍乱弧菌的各种特性：在干燥条件下或经过充分加热，它极易死亡，而在潮湿、闷热的地方却繁殖旺盛；它也经受不住二氯化汞或碳酸这些当时经常使用的普通消毒剂的作用。情况表明，这种貌似可怕的细菌其实也有相当脆弱的一面。

科赫注意到了印度人当时普遍饮用的不洁井水。

他指出，这种井水正是霍乱弧菌孳生的地方，人们通过饮水而传染上霍乱；不洁的卫生习惯又通过病人的衣物加剧了霍乱的传播。霍乱在世界各地的流行，则肯定源于来往船只上的不卫生状况，这使旅客、海员以致货物都极易变成霍乱弧菌的传播者。

德国霍乱调查团在国外逗留了九个月以后，经由印度孟买回国。报纸上密切地注视着这支远征队的消息，几乎所有的德国人都期待着科赫胜利归来。这次他不仅发现了霍乱弧菌，而且成功地找到了霍乱交叉感染的途径、隐患和有效的控制方法，这是他对医学做出的又一重大贡献。柏林像迎接胜利凯旋的英雄一般隆重欢迎科赫归来，威廉一世皇帝授予他皇冠勋章（Order of Crown），德国政府颁发给他十万马克的国家奖金。

科赫并没有沉醉于这些令人眼花缭乱的荣誉之中，他无法忘记那些成千上万霍乱病人死亡的惨状，无法忘记特威利尔临死前那渴盼胜利的眼神。他在大大小小的各种场合阐述自己关于霍乱的结论和建议，竭力说服那些顽固地持陈旧防病观念的人们，终于在几个月后，通过了限制霍乱传播的新卫生条例。他还在柏林大学讲授的细菌学课程中特别强调，将任何霍乱弧菌带进德国是极不明智的，而另一次，他的学生、后于1890年参与发起成立约翰·霍普金斯医史学会的韦尔奇（Welch W.H，1850－1934）医生自己培养了一些霍乱弧菌，准备带回美国，科赫知道后，在课堂上紧盯着韦尔奇，使他不得不将这些细菌杀灭后抛进了施普雷河。

就这样，科赫成功地堵住了霍乱弧菌的传播源。

"世界疫病消防队队长"

科赫于1890年发现结核菌素后，曾引起了一场不小的风波。这年8月4日，第十届国际医学会议在柏林召开。科赫在会上就他的发现作了极其谨慎而有节制的发言，因为这项研究工作仍在继续进行之中。

不料，由于人们对抗结核药物的巨大期待，以及轰动效应下的消息误传，出现了滥用结核菌素的现象。许多人把它作为征服肺结核病的治疗用药，结果导致了一些令人失望以致不幸事件的发生。科赫的反对者们乘机跳出来，诽谤说什么实际上是结核菌素在传播此类疾病。

虽然这并不是自己的过错，科赫仍然被弄得有些心烦意乱。1891年初，他发表了一篇题为《抗结核药物》的论文，澄清了许多事情。接着，他去了埃及，在那里度假休息。7年前为了寻找霍乱病菌，他曾首次来埃及，但那次因工作紧张而无暇观光，这回可以放松一下，好好地旅行了。

4月，科赫赶回了柏林，出任专门为他建立的传染病研究所所长，他的老朋友埃尔利希则担任副所长。研究所最初设在柏林仁济医院附近的一座建筑中，由于外形独特，被叫做"三角楼"。研究所还附设有病房，这是位于"三角楼"附近的一排简易平房。科赫早就感到教学工作不适合自己，因此这次任医学研究的所长职务，专心致力科研，令他十分满意。他紧紧抓住结核病的治疗问题继续展开研究，病房里也时常看见他巡诊的身影，以致这些病房后来被人们称为"科赫的营房"。

1896年，科赫中断了他的研究工作，应英国政府之邀，赴南非帮助消灭牛瘟。他于11月底赶到开普敦，经过研究，很快就发现牛瘟的病原体（一种病毒）生活在受传染动物的血和胆囊中，并发明了一种使牲口对这种疾病产生免疫力的方法。他说，用这种方法可以拯救南非3/4的牛。确实，单在好望角就救活了二百万头牛。

就在这前后，又有消息传来，说另一种严重威胁人类的烈性传染病——淋巴结鼠疫在印度的孟买蔓延开了。科赫结束了对牛瘟的研究工作，接着就赶到孟买。他的助手、学生格夫基、埃尔利希和北里柴三郎等人已应英国皇家医学会的邀请，随一个调查团先期抵达了那里，正盼望老师来主持工作。经过紧张的研究，最终证实了鼠蚤是导致人类染病的媒介，并很快控制住了这种瘟疫流行。

不久，德国在东非的殖民地也发生了淋巴结鼠疫，科赫又返回非洲，在维多利亚湖区进一步研究这种传染病。同时，他还腾出时间来研究了一种使马及骆驼死亡的恶性贫血病，一种由扁虱传染的得克萨斯牛瘟，以及一种热带病——回归热。在深入非洲丛林研究回归热的过程中，他曾两次卧病不起。尽管德国政府多次劝他回国休养，他都置之脑后，直到弄清楚壁虱是这种疾病传染给人的主要媒介之一后，才回到柏林休息。

　　1897年，科赫被选为英国皇家学会会员。他在柏林只休息了几个月的时间，便于1898年8月开始了对疟疾的研究治疗工作。以后的三年时间里，在德属东非，在锡兰，在巴尔干半岛，到处都留下了他追踪疟疾的足迹。他改进了一种诊断疟疾的重要的血液试验方法，能诊断出处于潜伏期的疟疾来。这样，利用这种试验不仅能确定疟疾各阶段时治疗用药奎宁的剂量，而且还能在发病前就用奎宁控制血液中的疟原虫的生长，以减轻发病时的症状。科赫和他的助手就是通过这种方法在治疗疟疾病上取得了很大的成功。

　　在其后的五年时间里，科赫又多次奔赴非洲研究流行病和热带病。1902年12月至1904年年中，他受英国政府聘请，在非洲考察一种突然蔓延开来的牲畜病"罗得西亚红水热"，成功地制定出一项对这种病部分有效的免疫法。同时，他还对一种叫做"马死症"的怪病进行了研究，并从得过这种病而痊愈了的马匹的血清中，提取研制成了一种对付这种疾病的疫苗。

　　由于年纪大了，科赫既要担负传染病研究所日常的领导事务，又要进行科学研究，总有力不从心之感。于是，当1904年7月他从非洲回到柏林后，就辞去了传染病研究所的所长职务。使他十分高兴的是，这一职务由他的老朋友和得力助手格夫基继承担任。研究所建起了一座新的科研楼，专门给科赫配备了一间实验室和一名年轻的助手，并颁发给他一万马克的退休金。

　　科赫退职后，得以集中精力进行他热爱的微生物研究工作。1904年底，他又乘船去非洲，于1905年初来到达累斯萨拉姆，研究红水热、锥体虫病和回归热。在研究回归热的过程中，他成功地将病原体即回归热螺旋体从人身上转移到一只猿猴身上。

这其间，荣誉亦接踵而来。1901年，德国威廉皇帝科学院成立，科赫被任命为首批成员。1902年11月，他被选为法国科学院的国外院士。1903年，他被选为奥地利科学院的荣誉院士。1902年，他还发表了著名论文《与伤寒病的斗争》而赢得普遍赞誉。

1906年春天，年逾花甲的科赫带领他的助手，再次来到了东非。这一次他们是来考察研究一种怪病"昏睡症"的。由于这种病极易传染，病原体又未查明，因此此行具有相当的危险性。动身前，柏林大学的几位著名教授都曾劝科赫说，年纪大了，这一次就不必亲往了。埃米也劝他多休息些时候再说。科赫略微有些激动地说：

"我何尝不想多休息休息，可只要听说哪里有疾病流行，我就坐不住啊！从事医学研究的人，要把眼光永远放在显微镜下，要时刻听从救死扶伤的人道主义精神的召唤。"

终于，他还是又来到了他熟悉的维多利亚湖区。经过几个月的研究，他首先证实了两年前一个英国考察团的发现，即这种病原是由一种叫做采采蝇或叫舌蝇的昆虫传给人的。经过对一千多例病例的考察，进一步查明了这种病有几周至几年的潜伏期，其病程分为三个阶段，以及最后导致病人死亡的原因。由于采采蝇是靠吸鳄鱼血为生的，为了追踪病原体，科赫等人曾在湖区南部姆万扎镇一带的沼泽地带多次射杀鳄鱼，每次的场面都极其惊险。

后来，科赫带领助手来到湖区西北部的塞塞群岛上安营扎寨。他们在岛屿的高地上用帐篷建起临时医院，尽可能多地收治"昏睡症"病人。科赫用了当年在疟疾诊断方面积累的经验，找出了一种验血方法，能准确查知病程所处的阶段，以便给予恰当剂量的药物治疗。前来寻求治疗的患病岛民们越来越多，为了工作有序进行，以致最后不得不用栅栏将帐篷围了起来。科赫和助手们夜以继日地进行治疗工作，经过几个月的奋战，他们终于将维多利亚湖区昏睡症的死亡率成功地从57％降低到10％以下。

然而，这次紧张的行动却使科赫的健康受到了严重的损害。一天黄昏，当刚结束一整天救治工作的科赫，疲惫地走出帐篷，站在一座高坡上俯视维多利亚湖时，从未有的事发生了，他忽然感到心脏一阵绞痛，接着头晕眼花，差点摔下坡去。从此，这种致命的疾病一直伴随他到生命历程的最后。

1907年11月，科赫回到柏林。他再次获得了极大的荣誉和尊敬，连德皇本人都亲自去聆听他讲在非洲的经历。不久，以他的名义成立了战胜肺结核基金会，世界各地的捐助源源不断地寄来。

为了调查研究传染病，科赫先后十次出国，不辞劳苦地奔赴非洲、印度和远东等地，带领助手和学生研究了疟疾、鼠疫、伤寒、牛瘟以及回归热、昏睡症等热带病，培养了贝林、埃尔利希、北里柴三郎等优秀科学家。

当时，世界各地只要发生传染病流行，就纷纷向科赫告急求援，而科赫和他的助手、学生往往就像消防队救火一样开赴现场，冒着生命危险探求病原、扑灭疾病。后来，人们把这支队伍称为"疫病消防队"，把科赫称为"疫病消防队队长"、"绝症的克星"。

当之无愧的诺贝尔奖得主

1905年12月10日，瑞典首都斯德哥尔摩。纷纷扬扬飘洒了一天的雪花，到傍晚逐渐平息下来。厚厚的积雪映射出片片荧光，给隆冬的夜晚带来些许亮色，整座城市显得更加静谧、祥和。

然而，斯德哥尔摩音乐厅一带却车水马龙，人声鼎沸。原来，今天晚上将在音乐大厅隆重举行第五届诺贝尔奖授奖典礼。虽然诺贝尔奖以前只颁发过四次，但由于它评选严格，只授予世界科学界有杰出贡献的科学家，因而迅速成为国际学术界的一种崇高荣誉，受到世人的高度瞩目。

大厅内，华灯高照，金碧辉煌，气氛显得格外庄严。瑞典国王陛下和王子殿下亲临会场，还有亲王大臣、各国使节、各界名流都竞相出席，至于科学界的权威人士和著名学者，更是不可或缺的。整座大厅，座无虚席。这些来自世界各国的学者名人聚集一堂，都在企盼着那令人激动的时刻到来。席中，坐着若有所思的罗伯特·科赫。

这年10月，经斯德哥尔摩卡罗林医学院教授会议推荐，决定将本年度的诺贝尔生理学和医学奖授予科赫，以表彰他在结核病方面所做的杰出工作。那时，科赫还在非洲的达累斯萨拉姆研究几种热带病。10月底，科赫回到柏林，看到了登载在报纸头版头条的诺贝尔基金会的授奖公告："决定将本年度的生理学和医学奖金授予德国细菌学家罗伯特·科赫，以表彰他在发现结核菌和结核菌素方面的丰功伟绩。"一个多月后，他又收到了来自瑞典的获奖通知书，上面写道：

　　瑞典斯德哥尔摩卡罗林医学院诺贝尔委员会荣幸地通知阁下：诺贝尔委员会授予罗伯特·科赫先生1905年诺贝尔生理学和医学奖……值此，委员会向您致敬，并真诚地祝贺您荣获本届诺贝尔生理学和医学奖。

主席　莫诺

　　尽管科赫对荣誉一直比较淡漠，但这次却不同，因为这毕竟是国际学术界的最高奖赏！他按时从柏林赶到斯德哥尔摩，出席这次盛会。

　　大厅里响起了莫诺伯爵诵读贺词的洪亮声音，接着，卡罗林医学院院长介绍科赫的研究成果。回顾人类与凶恶的结核病搏斗的生死历程，科赫不禁百感交集。

　　瑞典国王亲自给科赫佩戴上23克拉黄金制成的诺贝尔奖章，并授予他一张华丽精致的奖状。科赫转过身来，面对着几百双注视着他的眼睛，不轻易动情的他心中也涌起阵阵波澜。大学毕业以后的40年来，经历了多少的艰难曲折！如今，这几十年来的辛勤劳动总算得到了应有的报偿，在学术上所取得的成就也终于被全世界所公认。

科赫努力平抑了一下自己的心情，用德语作了题为"当前预防肺结核的情况"的演讲，回顾了自己多年来的研究成果，并重点讲述了最近研究工作中取得的新进展。在授奖仪式的一个多小时中，掌声和欢呼声接连不断。

的确，科赫是值得自豪的。在人类征服细菌的历程中，某些细菌产生某些疾病的事实首先被他证实。著名的"科赫原则"，至今在鉴定病原体时仍有重要的指导意义。他发现了炭疽杆菌、结核杆菌、霍乱弧菌以及结膜炎杆菌等病原体，同时，他创用的固体培养基、分离培养技术和染色法等微生物学新技术与新方法，带动了一大批医学家和生物学家深入研究各种传染病的病原体。在19世纪的最后20年中，大多数传染病的病原体几乎均被查明并分离培养成功，这其中科赫起到了关键性的推动作用。

科赫在征服残害人类的炭疽病、结核病、霍乱病等凶恶疾病方面作出了重大的开创性贡献，在战胜疟疾、鼠疫、伤寒、回归热、昏睡症、结膜炎、麻风以及一些家畜恶性疾病方面也取得了杰出的成就。他用自己的辛劳换来了世界上成千上万病人的康复。即使在今天，也还无法全面估价他在这方面工作的全部意义。有人统计，他在医学宝库中增添了近50种用于诊治人及动物疾病的方法！正如英国医史学家贝利（Bailey H，1894－1961）和毕晓普（Bishop W.J，1903－1961）所说的那样：

德国细菌学家罗伯特·科赫一生的事迹也许是最激动人心的……确实，他一生硕果累累，在医学发明史上几乎很少有人像他那样取得如此众多的成就。

科赫能在工作中取得巨大的成就，得益于他所具有的许多优良品性。他自幼酷爱学习，一生孜孜不倦，因而知识渊博，医学自不用说，他在植物学、动物学、物理学、数学、化学、地理学以及人类学等方面的广博知识常使人们感到惊讶。更重要的是，他具备了一个优秀科学家必不可少的素质，对每个问题的高度理解力，解决问题的创造力，克服困难的巨大勇气和持之以恒的毅力。他具有典型的德国学者的特性，工作态度严谨，办事一丝不苟。

科赫关心的，永远只是他工作的本身，他不喜欢那些"热烈"和"隆重"的场面，不喜交际，也不关心大多数加在他头上的荣誉。他具有谦虚谨慎的优良品质。在一次为庆祝探明霍乱奥秘的宴会上，面对人们的一片称颂声，他起立致辞说：

"我真的配得上受这样的尊敬吗……我所做的事就是诸位每天做的事。我只是尽力而为地工作，以尽我的职责和义务。若说我的成绩较大多数人要大些，那原因只在于当我漫步于医学领域之时，我是走进了路旁堆着黄金的境地。显然，将金子和普通金属分开是十分必要的，但这并非什么大功劳。"

当然，科赫也并非是完美无缺的人。虽然他的性格单纯而直率，内心里总是真诚待人，但脾气却较暴躁，常常给人以武断和专横的印象，这妨碍了他与人沟通。在学术上他也有过失误。如19世纪末时对机体免疫机制的认识存在两派不同的学术观点，一派是以俄国生物学家梅契尼科夫（1845－1916）为代表的细胞免疫学说，另一派是以科赫的老朋友和得力助手埃尔利希为首的体液免疫学说，两派曾长期争执不下。到了1908年，科赫还没注意到自调理素发现后两派已逐渐走向统一的现实，仍然在国际细菌学家会议上反对梅契尼科夫的学说而支持埃尔利希，宣称："新的事实已经使白细胞吞噬病菌的理论失去了基础，因此应该将它的地位让给另一理论，这便是血液决定免疫的理论。"实际上，就在这一年晚些时候，梅契尼科夫和埃尔利希共同获得了当年的诺贝尔生理学和医学奖。

1908年春天，科赫决定摆脱工作，作一次真正的环球旅行，彻底实现童年以来的宿愿。他想：虽说这大半年来自觉身体状况还可以，但毕竟已是65岁的老人，或许这就是最后一次的长途旅行了。

他先到了美国，情况还算顺利。接着来到日本，不料一天清晨和人们作爬山锻炼时，心脏病发作，最后让人们抬着回了旅馆。这样，他的环球旅行计划难以实现了，又从日本回到了柏林，继续从事结核病的研究。

1910年3—4月份，科赫又两次发作心绞痛，情况都很危险，但进入5月，似乎又转危为安了，医生也允许他短时间下床活动。虽然身体很弱，他仍旧尽力坚持工作。他一度向医生发脾气，要求能允许他外出四处活动，医生不得已地同意了。

这时，科赫想起了他一生钟爱的女儿格特鲁德，这位独生女儿一直是科赫生命中的阳光。他知道，自己活在人世的日子不会太久了。思念女儿之情一旦萌生，便如潮水般涌上心头，不可抑制。他想，无论如何也得见上格特鲁德一面。于是，5月中旬，科赫费了很大的气力，去外地探望了他的女儿。临别时，凝望着女儿渐渐远去的身影，科赫心里默默地说："祝你一切顺利，亲爱的格特鲁德！你果然没有使我失望，这样我去到哪里都会安心了。"

其后，科赫和埃米以及他的私人秘书一起，于5

月20日抵达矿泉城市巴登—巴登疗养，随身的行李中还带着他那台心爱的显微镜。

5月27日傍晚，科赫——这位德国伟大的科学家因心力衰竭，坐在一把高靠背的躺椅上平静地与世长辞，享年67岁。5月30日。他的遗体在巴登—巴登火化。按照他的遗嘱，骨灰被运回柏林，安放在柏林传染病研究所。他那台心爱的显微镜，至今仍然珍藏在柏林大学。

世界五千年科技故事丛书

世界五千年科技故事丛书